KB076151

소리 없는 세상 이해하기

농인과 청인이 서로 배려하며 사는 세상이 되었으면 합니다.

농인 사랑 캠페인 글 모음

소리 없는 세상 이해하기

농인과 청인이 함께 하는 세상

안일남 지음

라온누리

이 책을 부모님께 바칩니다.

저자 서문

농인 사랑 캠페인 글 모음은 <건강과 생명>에 연재되었던 내용들을 중심으로 원고를 다시 정리하여 한 권의 책으로 출간하게 되었습니다. 2017년 5월부터 2022년 2월까지 연재된 글이기에 시사적으로 볼 때 오래된 내용도 있습니다.

농인을 이해하는 데 조금이나마 도움이 되기를 바라는 마음으로 농인聾人과 청인聽人이 함께 하는 세상을 꿈꾸며 농인들의 이야기를 풀어 보았습니다. 1972년부터 농인 사회를 접하면서 그동안에 체험한 여러 상황 중에서 청인이 알면 농인을 더 잘 이해하리라고 생각되는 면을 될 수 있는 대로 객관적인 입장에서 서술하려고 하였습니다. 그러나 필자의 주관적 생각이 더해졌을 것이고 농인에게 모두 적용되는 일도 아닙니다.

한국에 39여만 명(2020년 한국보건사회연구원, 장애인실태조사서), 전 세계 70억 인구 중 4억 6,600여만 명(2020년 3월 WHO 자료) 농인이 있습니다. 태어날 때는 청력이 정상이었으나 중도에 청력을 잃은 사람들도 있습니다. 중이염 및 약물 부작용과 사고 등으로 청력을 잃고, 소리를 듣다가 갑작스레 소리 없는 세상에 살게 됩니다. 선천적 청력 손실과는 달리 예방할 수 있는 방안도 더욱 널리 알려야겠습니다.

농인들의 언어인 수어가 그들에게 왜 중요하고 어떻게 이해되어 왔는지를 이제는 좀 더 체계적으로 연구해야 할 것입니다. 소통의 장애가 더 이상의 벽이 되지 않고 농인과 청인이 서로 배려하며 사는 세상이 되었으면 합니다.

오랜기간 지면을 할애해 주신 <건강과 생명> 편집부에 감사를 드리며, 부모님이 돌아가시기 전에 책이 출간되었으면 그동안에 필자가 어떻게 지냈는가를 좀 더 이해하실 수 있었으리라는 아쉬움이 있습니다.

농인, 그들을 알수록 수어가 더욱 어렵지만 수어로 표현하는 그 독특한 문화는 농인들이 잘 가꾸어 나가야 할 문화적 자산임을 인지하여 농문화의 꽃이 피기를 바라는 마음입니다.

2023년
경기도 양평에서
叺똴 안일남

추천사

안일남 원장님의 저서 ≪소리 없는 세상 이해하기≫ 출간을 진심으로 축하합니다. 저자는 한마디로 말해 '농인의 친구'입니다.

대학생 시절부터 지금까지 50여 년 동안 일편단심으로 농인과 함께 살며 농인을 섬겨 오셨습니다. 어린 시절 뇌종양 수술을 받으며 예수님의 사랑과 능력을 크게 체험한 이래 예수님을 닮은 사랑이 그의 마음에 자리를 잡은 결과입니다. 어떤 일이든 그토록 오랜 세월 지속할 수 있다면 그 자체로 존경스러운 일입니다. 그런데 자신과 다른 세계에 사는 농인들과 하나가 되어 살아왔다는 것은 존경을 넘어 감동 그 자체입니다.

저자는 평소에도 사람들과 만나면 농인들의 이야기를 자주 합니다. 그의 이야기를 듣다 보면 우리가 얼마나 농인의 세계에 무지한지 깨달으며 농인의 세계에 대한 호기심을 넘어 관심으로 나아가게 됩니다. 그런 이야기가 하나하나 월간 <건강과 생명>에 연재되어 왔는데 금번에 한 권으로 출간되어 얼마나 반가운지 모릅니다. 농인에 대한 다양한 주제들이 한데 모여 마치 모자이크 작품으로 완성된 듯합니다.

저자의 글은 담백하며 친절한 설명을 통해 청인들에게 농인의 세계에 어려움 없이 다가갈 수 있도록 안내해 줍니다. 어려운 내용도 적절한 사례와 예화를 소개하며 이야기를 풀어가기에 흥미롭기도 하고 멀게만 느껴졌던 농인의 세계가 가깝게 느껴지게 됩니다.

농인에게 TV를 보는 것은 무성영화를 보는 것과 같다는 설명이나 수어 통역에 대한 배려로 화면의 위치나 크기를 조정해 주는 것은 마이크 소리를 키워주는 것과 같다는 설명 등은 청인들이 미처 생각지 못한 점을 명쾌하게 깨우쳐 줍니다.

같은 그리스도인으로서 저자에게 가장 존경스럽게 느끼는 점은 농인 선교에 대한 열정입니다. 농인 교회 장로로 섬기면서 농인들과 농문화를 후원하는 사단법인 영롱회의 이사장으로 헌신하는 모습만 봐도 알 수 있습니다. 장애인 선교 중에서도 가장 소외된 농인 선교의 실태를 몹시 안타까워하면서 한국의 39여만 명 농인과 세계의 4억 6천 6백만 명 농인에 대한 사랑을 자주 이야기합니다. 특히 한국의 경우 고작 7천 명의 그리스도인이 있는 것을 두고 미전도 종족 수준이라고 표현하는 모습을 보면 그의 선교 열정에 고개가 숙여집니다.

아무쪼록 본서를 통해 많은 청인이 농인의 세계를 이해하는 좋은 계기가 마련되기를 바랍니다. 그래서 저자가 꿈꾸는 '농인과 청인이 함께 하는 세상'이 이루어지는 단초가 되면 얼마나 좋을까 생각합니다. 이런 취지로 모든 분께 정독해 볼 것을 정중히 권해 드립니다.

신반포교회 담임 목사
미션 파트너스 위원장
홍문수

목차

5부 농문화

6부 농인의 사회활동

일러두기

수화手話와 수어手語(sign language) 용어
2016년 한국수화언어법(약칭:한국 수어법) 개정 후 수화手話를 공식 용어인 수어
手語로 표기한다.

이 책의 본문은 <건강과 생명>에 게재했던 내용을 바탕으로 재편집하여 구성된 내용입니다.

1부

소리 없는 세상 이해하기

보이는 목소리의 주인공, 농인聾人

우리는 농인을 과연 얼마나 생각하며 살아가고 있는가. 이 글을 읽기 전까지 한 번도 농인을 생각하지 않았거나 막연히 이해한 사람도 있을 것이다. 농인을 직접 만나본 사람은 전 인구로 볼 때 극소수일 것이며 다른 장애인을 만나본 사람보다는 적을 것이다.

장애인하면 휠체어를 사용하는 거동이 불편한 사람들을 연상하는 것은 어렵지 않다. 좀 더 나아가 '맹인들은 얼마나 불편할까'하는 생각도 든다. 다른 유형의 장애인들까지 연상된다면 장애에 관심이 있으신 분들일 것이다. 관련된 전문적인 분야에 종사하시는 분은 내부 장기 장애를 포함해서 상세하게 설명할 수도 있다.

'농인을 만났거나 본 적이 있는가?'라는 질문에 많은 분들이 없었다고 답한다. 있다고 답하는 분들 중에는 전철에서 수어 하는 농인들을 보았거나 텔레비전 등에서 청인이 수어 통역하는 것을 농인으로 잘못 알고 이야기하는 경우도 있다.

그 이유는 무엇일까. 농인은 일반적으로 눈에 잘 띄지 않는다. 아무리 가까이 있어도 그들에게 말을 걸지 않고, 농인이 수어를 하지 않으면 장애인이 곁에 있다는 의식을 하지 못한다. 외관상 농인인지 아닌지 판단이 어렵기 때문이다. 반대의 경우도 있을 수 있다. 특별히 농인이 많이 모인 장소에서는 말하지 않으면 여기 있는 사람이 다 농인으로 미루어 생각한다. 그중에 청인이 있을 수 있지만 말을 하지 않고 있노라면 농인으로, 말을 하면 비로소 청인이 있음을 알게 된다.

농인에 대한 생각이 다른 장애인들과 조금 다르게 인식되는 것은 외관상의 문제 때문이다. '장애인'하면 일반인과 다른 특징이 있고 외관상 표시가 날 것으로 막연히 생각하기 때문이다. 어떤 청인이 농인을 처음 보고는 하는 말이 '어? 농아인도 똑같이 생겼네.'라고 이야기하는 것을 들은 적이 있다.

외관상의 장애는 이제 우리 사회에서 많이 알려졌다. 일반인은 1988년 올림픽 개최 이후 연이어 행해진 장애인 올림픽에서, 텔레비전 등의 매체를 통해 장애인들이 운동하는 모습을 지켜보았다. 장애인 올림픽은 일반인에게 장애인을 새롭게 인식시킨 계기가 되었다.

대부분의 일반인들은 외관상으로 구별이 어려운 장애를 가진 농인에 대해, 안 들리고 말 못 하는 장애인으로만 알고 있다. 어떠한 문화권에서 어떻게 불편하게 살고 있는지는 모르는 것이다. 일반인들을 충분히 이해시키기 위해서는 넘어야 할 산이 많음을 실감한다.

39여만 명이나 되는 우리의 이웃

우리나라에는 농인이 약 39여만 명이나 살고 있다. 농인은 외관상 장애가 있는지 잘 모르기 때문에 인식하지 못할 뿐이다. 다른 장애인은 음성언어를 사용하여 말이나 글로써 표현할 수 있고 청인과 같은 문화권에 살고 있다. 그러나 농인은 자신의 입장을 알리기 위해서는 통역인이 필요하다. 한글은 농인에게 모국어인 수어가 아니라 외국어이므로 글로도 쉽게 표현하기 어렵다. 통역인 역량에 따라 통역의 질과 수준의 차이가 발생함에도 불구하고, 당사자인 농인은 자기 의사가 얼마나 정확히 반영되는지도 알 수 없다. 농인은 통역을 통해서도 자기 의사를 100% 상대방에게 전달하기는 힘들다.

청인 문화권과 다른 농문화권을 독특한 문화로써 이해하려고 애쓰는 청인도 많지 않다. 농인은 청인과 같은 시대를 살지만, 농문화를 이해하지 못하는 사회에서 살게 되는 것이다. 우리는 농인과 청인의 입장과 문화를 올바르게 이해해야 한다.

한국보건사회연구원은 장애인실태조사서에서 청각장애 인구는 2008년 207,383명, 2014년 311,900명, 2020년 395,789명으로 보고하였다. 농아계에서는 일반적으로 39여만 농인이라고 한다. 이 숫자는 다른 장애인의 출현율에 비해 높은 편이다. 세계적으로도 청각장애인구는 대략 전 인구의 5% 정도로 추정한다.

미국을 비롯한 선진국들은 농인을 위한 국립기관이 여러 지역에 있다. 농인을 소수민족에 준한 문화권으로 인정하는 것이다. 청인이 농인의 권익을 침해하지 않게 관리하는 기관도 있다. 국가가 세운 기관들은 농인 자료를 조사 연구하며 필요한 전문가를 양성한다.

우리나라는 아직 농인을 위한 전문적인 국가기관이 없다. 앞으로 정부와 관계부처가 우리의 이웃 농인에게 조금 더 관심을 가지고 농사회를 위해 해야 할 과제와 정책을 잘 시행해 주기를 기대한다.

<2017년 5월호>

농인과 청인廳人

   '농인' 하면 낯선 단어로 느끼는 사람도 있을지 모르겠다. 장애인에 대하여 관심 있는 사람 중에는 '농인이 아니고 청각장애인 아닌가?' 하고 반문하기도 한다. '청각장애인'은 장애라는 개념이 들어간 용어이다. 농인들은 자신이 한 장애인이라기보다는 다른 문화권에 사는 민족으로 농인만의 문화와 언어가 있는 인격체로서 살고 싶어 한다.

   전에는 장애인을 나타내는 비하적인 표현이 있었는데 최근에는 달라졌다. 그러나 표현이 달라졌다고 해서 장애인을 대하는 마음과 태도가 한순간에 변하는 것은 아니다. 우리 사회가 장애인을 진정 내 이웃으로 한 시대를 같이 사는 친구로 이해하기를 바란다.

   농인이 아닌 사람, 대칭어인 '청인'은 들을 수 있는 사람이다. 한자를 쓰지 않거나 문맥을 읽기 전에는 청나라 사람으로 오인할 수도 있다. 근간 농인 사회에서도 청인으로 표현한다.

   농인을 '농아인聾啞人'으로, 청인을 '건청인健聽人'이라고도 하였으나 요즈음에는 일반적으로 농인과 청인으로 칭한다. 농인들은 농아인의 '啞'자가 '말 못 한다'는 의미이므로 '아啞'자를 삭제하기를 원한다. 농인은 듣지 못해 말을 못 배운 것뿐이지 특수교육을 받으면 말을 할 수 있기 때문이다. 건청인이라는 호칭도 '청聽'자가 '듣는다'는 뜻이니까 '건健'자를 넣어 '건강하다'고 표시할 필요가 없다고 한다.

최근에는 '청인이라고 불러야 하느냐'하는 문제도 다시 거론하고 있다. 비슷한 이유에서 농인들 뿐 아니라 모든 장애인은 '정상인'이라는 호칭을 회피하는데, 이는 그 대칭어가 비정상인인 까닭이다.

청인은 소리의 홍수 속에서 소리가 어떻게 들리는지 의식하지 못한다. 자신이 듣고 있다는 사실을 인식하며 살지는 않는 것이다. 들을 수 있으므로 듣지 못하는 일은 '나와 아무런 관련이 없다'고 여긴다. 일생한 번도 '내가 지금부터 듣지 못하면 어떠한 삶이 될 것이며 소리 없는 세상은 어떤 세상일까?' 하는 의문을 가져본 사람도 많지 않을 것이다.

듣는다는 것은 어떠한 내용에 대한 개념을 세우는 것과 깊은 관련이 있다. 더 나아가 생명과도 관련 있는 일이지만 우리는 듣고 있다는 사실을 진지하게 인식하지 못하고 무심코 지낸다. 소리를 들어보지 못한 사람은 의성 문자가 거의 소리 나는 대로 적은 것이기에 의성어를 연상하기가 어렵고 낯설게 느낀다.

농인에게는 문자도 듣지 못한 소리를 적은 발음기호이므로 문자를 보고 개념으로 이해하기가 어렵다. 청인은 농인이 살아가는 삶의 모습과 그들만의 독특한 문화를 관심 있게 보아야 진정 농인을 이해할 수 있고 얼마나 다른 문화권에서 살고 있는지를 알게 될 것이다.

농인은 청각장애인이다. 장애인의 대칭어는 비장애인이므로 농인은 농인으로, 청인은 일반인一般人(ordinary people)으로 불러야 한다고 주장하기도 한다. 필자도 농인과 대비하여 청인을 말할 때는 일반인으로 부르는 것에 동의한다. 다만, 이 글에서는 농인의 대칭어인 청인으로 표시하겠다.

농인은 청인과 어떻게 다른가?

이러한 질문을 받아본 청인은 별로 없을 줄로 안다. 일반인들은 농인과 청인이 무엇이 다른지에 대한 생각을 깊이 해 볼 기회가 없었을 것이다. 농인은 듣지 못하는 사람이고 청인은 들을 수 있는 사람인데 어떤 점으로 구별하는가.

과거에는 청인이 농인을 오해하기도 하고 잘못된 인식이 있기도 하였다. 심지어 농인을 지적장애인이라고 생각하기도 했다. 지적 수준을 측정하는 도구가 청인의 언어 수준을 기준으로 한 것임으로 농인에게 적합하지 않은 평가이기 때문이다. 지금은 농인에 대한 인식도 예전에 비해 좋아졌다.

농인은 듣지 못하기 때문에 의사표시를 할 때 반말 비슷한 수어나 예의에 벗어난 수어를 사용하는 경우도 있다. 그렇더라도 청인은 농인을 인격적으로 대하고 반말 등은 주의해야 한다. 언어를 바르게 사용하여 농인에게 상처 주지 않도록 해야 할 것이다.

청인 사회에서도 말을 유창하게 잘하느냐보다는 어떠한 태도로 말을 하는지와 말과 행동이 얼마나 일치하는가가 중요하다. 청인이 농인 사회에서 지내려면 수어를 잘 하기보다는 말과 행동을 농인들에게 일관성 있게 해야 한다.

청인이 농인 사회에서 지내면서 언어소통의 한계를 느끼며 고독감을 견디지 못하고 농사회를 떠나게 되는 것을 본다. 첫 번째 원인은 청인이 끝까지 인내하지 못하는 점을 들 수 있다. 청인은 어떠한 상황에 직면했을 때 청인 사회라면 그런 식으로 해결하거나 결정하지는 않았으리라 생각하고는 한다. 갈등을 느끼면서 농인 사회에 적응하지 못하고 자신의 입장을 되돌아보며 '지금의 노력과 시간이 과연 가치가 있는가?'하고 회의를 느끼게 된다.

두 번째는 농인 사회에서 청인을 유용하고 필요한 일원으로 받아주고 키워주려고 하지 않는 듯한 모습을 들 수 있다. 농인이 청인을 대하는 태도 중의 하나가 '왜 청인이 농인 사회에 들어왔는가?'이다. '혹시 농인을 이용하려는 의도는 없는가?'하고 의심하기도 한다. 이러한 생각을 하는 농인으로서는 청인의 행동을 배타적으로 바라보게 된다.

그동안 농인 사회에 들어와 있던 청인 중 일부가 농인을 이용했다는 소문과 그러한 사실을 부인하기 어려운 경우도 있지만 극히 일부의 일이고 과장된 점도 있다. 이러한 일들로 인하여 대다수의 농인은 청인이 언젠가는 농인 사회를 떠날 것이라고 생각한다. 두 가지 문제 외에도 시각에 따라 다른 견해의 의견들도 있을 것이다.

순수한 마음으로 농인과 함께하려는 청인이라면 그들과 친구가 되기 위해서는 거쳐야 할 과정을 겪어야 하고 어느 정도는 시간도 걸린다는 것을 알아야 한다. 인간이 사회 속에서 살아가는 데 있어서 소중한 하나가 인간관계라고 한다. 관계에 있어 어려움을 겪는 농인이야말로 그들의 입장에서 이해하고 배려해야 할 대상이다.

<2017년 6월호>

소리의 소중함과 농인의 삶

농인 사회에 알려진 한 이야기를 해보려 한다. 농인 친지 집을 방문하기 위해 아파트 단지에 갔을 때 어디 사는지 모르면 '불이야!'하고 외쳐서 나오지 않는 집이 있다면 바로 그 집일지 모른다고 한다. 이러한 상황이 실제 있었다.

효자동 근처 아파트에 농인 신혼부부가 살고 있었다. 새벽 2시쯤 되는 깜깜한 야밤에 아파트에서 불이 났다. 아파트에 사는 사람들은 '불이야!'하고 소리를 쳤다. 소리를 들은 사람들은 혼비백산하여 정신없이 집을 뛰쳐나왔다.

모두 대피했지만, 오직 한 집은 요동도 하지 않았다. 농인 부부가 사는 집이었다. 불길이 번져 현관으로 연기가 스며들어서야 상황을 파악했지만 불길 때문에 현관으로는 빠져나갈 수가 없었다. 다급한 마음에 어떻게 탈출할까 궁리하다가 남편이 먼저 베란다에서 이불과 몇 가지 물품을 밖으로 던진 후 뛰어내렸다. 부인은 겁이 나서 우물쭈물하다가 옷에 불이 붙는 바람에 더 이상 견딜 수 없게 되자 뛰어내렸다. 부인은 몸에 3도 화상을 입고 두 다리는 부러져 중환자실에서 6개월간 치료받았다. 현재는 완치되어 교회 권사로 봉사하신다. 소리의 중요성을 보여준 사례이다.

소리를 들을 수 있느냐 없느냐 하는 문제는 위급한 상황에서 더욱 중요하다. 자신의 생명을 지켜내는 일과도 깊은 관계가 있는 것이다. 예전에는 철길을 걷다가 열차에 치여 사망했다고 하는 기사가 보도되곤 했다. 농인 어머니가 아이를 업고 철길을 걷다가 뒤에서 달려오는 기차 소리를 듣지 못해 일어난 사고였다. 농부모로부터 태어난 자녀는 대개 소리를 들을 수 있어 아이는 기차가 오는 소리를 들었을 수도 있다. 어린 나이에 위험한지를 모르거나 청아동과 농부모가 의사소통이 안 되었을지도 모른다.

위의 두 가지 예는 소리가 우리의 생명과 밀접한 관계가 있음을 잘 보여준다. 동물의 세계도 마찬가지로 소리를 못 듣는 2세가 태어날 수 있다. 일반인들에게는 잘 알려지지 않았지만, 다양한 동물에서 듣지 못하는 어린 새끼들이 태어나곤 한다. 미국은 ≪deaf dog≫, ≪deaf horse≫, ≪deaf cat≫ 등 듣지 못하는 동물의 훈련이나 사육 방법에 관해 쓴 책들이 있다.

개나 고양이 등 반려동물이나 말 같은 경우도 인간이 그들을 돌보며 동물들이 알 수 있게 수어로 훈련하고 잘 양육하면 된다. 야생에 있는 동물들은 청각이 상실된 채로 태어난다면 제대로 성장해서 살아남기가 힘들다. 만일 토끼가 귀의 역할을 제대로 하지 못해 듣지 못한다면 포획자가 가까이 오더라도 그 소리를 감지하지 못하고 쉽게 발견되어 생명을 잃게 된다.

소리는 우리의 감정과 생각을 상대방에게 전달한다. 또한 위험을 감

지하고 예측하며 대처할 수 있도록 정보를 제공해주는 중요한 매개체
가 된다. 긴급 상황에서는 소리를 통해 위험을 알아챌 수 있으므로 생명
을 구할 수도 있다. 대부분의 사람이 농인은 팔다리가 건재하며 자신이
원하는 곳에 마음대로 갈 수 있으니 특별한 불편이 없는 것으로 생각하
지만 실제는 곳곳에서 어려움이 많다.

농인은 청인과는 문화적 배경이 다르고 정보를 이해하는 방법도 같
지 않다. 소리로 간단하게 처리할 수 있는 상호정보 교환이 꼭 눈으로
확인되어야 한다. 보이는 소리에 사는 농인의 소통방식을 충분히 이해
하려면 시간도 걸리고 직간접의 경험이 필요하다. 앞에 가는 농인을 부
를 수 없고 뒤에서 농인을 부른 소리에 농인은 고개를 돌릴 수 없다.

소리의 귀중함을 다시 한번 되새겨 본다. 농인은 들리는 소리 없이
보이는 소리에서 삶을 살아가는 이들이다.

<2019년 4월호>

농인의 일상생활은 어떠한가

　농인은 외관상으로는 아무런 장애가 없는 사람처럼 보인다. 일반인은 농인이 걸어 다니고 볼 수 있으니 어떤 특이성을 느끼지 못할 뿐더러 불편한 점을 모를 수 있다. 반면 다른 장애를 가진 사람들은 보기만 해도 장애의 유형이 어떤지 파악되고 그 장애가 얼마나 힘든지 추측할 수 있다.

　사고로 다리를 다쳐 깁스한다거나 목발을 짚고 휠체어를 타게 되면 그동안 두발로 아무런 불편 없이 다녔던 것이 얼마나 소중하고 자연스러운 것인지를 알게 된다. 영화관에 가서 영화 감상을 하는데 갑자기 정전되거나 필름이 끊겨 소리 없는 빈 테이프만 돌아가면 어두움과 듣지 못하는 세상이 얼마나 답답한지 잠시나마 느끼게 된다. 어린 시절 소풍가서 눈 가리고 하는 게임이나 숨바꼭질할 때 술래를 해 본 경험이 있으므로 보이지 않는 게 어떤 의미인지 이해할 수 있다.

　그러나 들리지 않으면 어떤 세상이 우리 앞에 전개되는지는 삶 속에서 체험해 본 일이 별로 없어 알기가 쉽지 않은 것이다. 항상 소리 속에서 사는 청인은 들리지 않는 것이 자신과는 무관하게 생각된다. '몸이 천 냥이면 눈은 구백 냥'이라는 옛말처럼 눈이 우리 몸에서 중요한 기관

중 하나로 보이지 않으면 얼마나 힘든지는 암암리에 인식되어 있다. 이에 반해 들리지 않으면 어떠한 세계에 홀로 남게 되는지를 우리의 선배나 부모님은 교육해 주지 않았다.

심청이의 이야기는 우리가 잘 알고 있지만 단편소설 ≪벙어리 삼룡이≫를 읽어보며 음미해 본 학생들은 많지 않은 것 같다. 나도향의 원작을 1929년 나운규 감독이 ≪벙어리 삼룡≫으로, 1964년에는 신상옥 감독이 ≪벙어리 삼룡≫ 영화로 제작했다. 오래된 작품이라 소설과 영화를 본 사람도 드물다. 옛날에는 벙어리라는 용어가 사용되었지만, 지금은 청각장애인 또는 농인이라고 칭한다. 농인을 조금 이해하고 소설과 영화를 본다면 더 많은 느낌을 받게 될 것이다.

다른 장애를 지닌 사람들을 볼 때 특별히 설명해주지 않아도 장애 때문에 힘들고 불편하겠다는 생각이 든다. 농인들은 밝은 표정으로 그들끼리 수어로 이야기도 잘하고 이동하는 데도 불편이 없어 보인다. 그러나 농인들의 삶과 문화와 생활은 청인과는 차이가 많다.

구체적으로 생각해 본다면 농인은 청인과는 음성 전화 통화가 안 된다. 음악회는 농인에게 그림의 떡이다. 농인은 초인종 소리나 노크 소리에도 반응이 없다. 시내버스나 전철 내 음성안내는 무용지물이고 그나마 자막이라도 보이면 다행이다. 가끔은 사람들에 가려 전철 안 자막마저 보기 힘들 때도 있다. 자막이 설치되어있지 않은 버스도 종종 있다.

집에 오면 일상적으로 보게 되는 텔레비전도 자막이 없다. 수어 통역이 없으면 연사가 없는 무성영화를 틀어놓은 상태와 마찬가지이다. 자막과 수어 통역 방송도 전체 프로그램에서 제공해주는 것이 아니다.

일부 프로그램에서 자막과 수어 통역 방송이 있어도 부분적인 것만으로는 내용을 파악하기 어렵다.

학교와 가정 생활은 어떠한가

수어로 수업하는 학교에서조차 수어를 유창하게 하는 선생님들은 많지 않다. 구화를 가르치는 학교에서는 수어 사용을 금지한다. 구화 교육을 받는 경우는 천진난만하게 뛰놀며 재미있게 지내야 할 유치원과 초등학교 시절에 발성을 배우는 데 많은 시간을 소비한다. 언어에 대한 스트레스 속에서 지내게 되는 것이다. 자신의 목소리가 제대로 나오는지 상대방은 무엇을 말하였는지 뚫어지게 입술을 응시하며 지내야 하는 훈련의 연속이다.

가정에서도 수어를 모르는 부모와 정감 어린 대화를 충분히 나누지 못한다. 집안에서 통하는 가정 수어로 일상적인 간단한 대화정도 하게 된다. 농인들이 어려서부터 어떠한 환경에서 자라 성인이 되고 사회에 진출하는지의 과정을 눈여겨보면 농인들의 입장을 어느 정도 이해할 수 있다. 농인들이 어려움을 이겨내고 극복한 지금까지 지내온 이야기를 들으면 그들의 인내와 용기에 박수를 치게 될 것이다.

필자는 가끔 생각해 본다. 그들처럼 어려서부터 들리지 않는 상태로 지냈다면 나도 저렇게 밝은 얼굴을 하고 지낼 수 있을까. 부모와의 관계는 과연 어떻게 되었을까.

맹인 재활에 많은 공헌을 한 토마스 J. 캐롤 신부의 책 ≪실명≫에서 '일반적으로 말하면 실명은 인간을 '사물'의 세계로부터 분리시키는 것이며 실청은 인간을 '인간'의 세계에서 분리시키는 것이다.'라고 서술하고 있다. 맹인은 사람들과 만나 대화하는 데는 별 어려움이 없다. 사물의 색깔이나 모양의 개념을 이해하기는 어려울 수 있다.

농인은 사물을 인식하기는 하지만 사람들과 교류하며 만나서 이야기할 때는 자신의 언어를 아는 사람이나 통역 없이는 외톨이로 지내야 함을 단적으로 표현한 말이다.

국내 39여만 농인들이 있다. 우리 사회가 농인들이 외관상 불편함이 없어 보이지만 언어가 다른 문화권에서 소리 없는 세상에 살고 있는 농인들에게 조금 더 관심을 가지기를 바란다. 사랑으로 그들의 일상적인 생활 여건을 조금이나마 이해하기를 바라는 마음이다. 함께 힘을 모으면 희망이 있는 미래가 열릴 것이라 믿는다

<2019년 5월호>

고개가 돌아가는가

농사회에 들어와 있는 대다수는 농인이다. 또한 농인과 같이 사는 사람은 수어를 잘하든 못하든 관계없이 이미 농사회에 깊숙이 발을 디딘 것이다. 자의에 의한 청인 배우자도 있고 자의는 아니지만 어찌하였든지 농인과 부부로 살게 된 사람도 있을 수 있다. 농인 부모에게서 태어난 자녀는 아무런 사전 지식과 의지 없이 같이 살게 된다. 대부분은 청인 자녀이고 농인 부모에게 농인 자녀가 출생하는 경우는 드물다.

농인 부모로부터 출생한 청인 자녀들을 코다(Children of Deaf Adult, CODA)라고 한다. 서양에서는 코다들의 활동이 활발한 데 반해 한국은 이제 시작으로 보이나 그들의 활동이 기대된다.

농사회에는 여러 가지 이유로 농인을 자주 만나는 사람들이 있다. 농인 교육기관인 농아동 유치원과 농학교 초중고 선생님 그리고 농인 대학생이 있는 대학교수님들이다. 농아인협회 안에서 수어를 사용하며 근무하는 직원과 수어 통역센터에서 수어 통역사로 일하는 사람들도 포함된다. 이외에도 청인들이 수어 통역을 자원봉사 차원에서도 하고 수어 교실을 수료한 후에 농인과 친구가 되어 수어를 사용하기도 한다. 종교단체나 교회 등에서 농인을 위해 봉사하는 사람들도 있다.

무엇보다 수어를 어느 정도는 알아야 농인의 문화에 접근하여 지낼 수 있다. 미국에 살아도 영어를 할 수 있어야 미국 사회에서 소통이 되고 사는 느낌이 드는 것과 같다.

청인들이 처음 농사회에 들어와 느끼는 가장 큰 어려움 중 첫 번째는 수어를 잘 모르기 때문에 겪는 일이다. 수어는 언어이므로 단시일 내에 습득하기는 어렵다. 한 언어를 구사하기 위해서는 열심히 그리고 꾸준히 해야 유창해질 수 있는 것처럼 수어도 마찬가지이다. 노력을 기울여야 자연스럽게 할 수 있다.

청인은 대부분 다른 언어를 배우는 것보다 수어를 쉽게 생각한다. 이러한 선입견으로 인해 수어를 배우는 많은 사람이 본인이 생각한 것만큼 수어를 읽어낼 수 없어 힘들어하고 쉽게 포기하게 된다. 모두 영어로 말하는데 영어를 잘 이해하지 못하는 사람이 혼자 그 자리에 있으려면 얼마나 힘들겠는가. 그래도 영어는 뜻을 몰라도 억양은 들리고 말의 톤이 부드러운지 감정이 많이 들어가 있는지는 짐작할 수 있다. 수어는 모르는 경우에 머리가 아주 깜깜해지는 느낌을 받는다.

둘째로 겪는 어려움은 소리에 대한 반응이다. 농사회는 조용할 것으로 생각하는 사람들이 있을지 모르겠다. 농사회는 조용한 분위기가 아니다. 소리가 나야 할 때 소리가 없는 경우가 있고 오히려 소리가 없어야 할 때 소리가 나기도 한다. 이러한 상황에 맞지 않는 분위기를 전혀 경험하지 못한 청인에게 있어서는 매우 당황스럽고 불편하다. 물론 소리가 들리지 않는 농인에게는 문제가 안 된다. 조용한 상황에서 문을 여닫는 소리가 '쾅!' 난다든지 식당에서 의자를 빼는데 마루에 끌리는 소리가 요란하게 '삑~'하고 나기도 한다. 더운 여름에 조용히 수어로 강의하는데 부채질하는 '팔락 팔락' 소리도 난다.

교회에서 조용히 기도할 때 휴대폰 전화벨이 울리기도 하고 소리를 듣지 못하니 바로 끄지도 못한다. 카톡 등 문자가 오는 소리도 마찬가지이다. 식당에서 설거지할 때도 수저와 그릇 닦는 소리가 청인들이 작업할 때의 소리보다 크다.

청인은 소리가 어느 곳에서 나더라도 못 들은 척하고 반응을 보이지 않고 있어야 농사회에 들어와 적응되었다고 여겨진다. 식당에서 누군가가 실수로 접시를 떨어뜨려 '쨍'하는 소리가 요란해도 고개를 돌리지 않고 그대로 앉아 밥을 먹을 수 있어야 한다. 맨 앞자리에 앉아 설교나 강의를 듣는 중 뒤에서 문 닫는 소리가 세게 나거나 물건이 떨어지는 '쾅!' 소리에도 고개가 돌아가지 않아야 한다.

이러한 소리를 듣고 맨 앞자리에서 고개를 획~하고 급히 돌린다면 뒤에 앉은 모든 농인이 같이 고개를 돌리고 설교나 강의 분위기가 어색해진다. 소리의 문화권과 시각의 문화권은 이처럼 서로 다양하게 다르다. 이를 이해하여야만 진정 청인이 농인을, 그리고 농인이 청인을 서로가 존중하며 살아가는 사회가 된다.

<2020년 6월호>

소리 없는 세상 이해하기

　맹인이나 다른 지체 장애가 있는 사람의 외모를 보면 '이런저런 면이 불편하겠구나'라고 생각할 수 있다. 반면에 농인은 겉으로만 볼 때는 청인과 다른 점이 보이지 않는다. 옷차림도 말끔하고 보행에 지장이 없다. 가만히 있으면 그들이 어떤 장애를 가졌는지 어떤 불편함이 있는지를 이해하기가 어렵다.

　농인은 책을 볼 수 있고 말이 안 통할 때는 글로 써서도 할 수 있으니 조금은 불편하지만, 의사소통에 큰 문제가 없을 거로 생각하는 사람들이 많다. 농인 중에 식자층은 이러한 소통이 어느 정도는 가능하지만, 일반적으로 농인에게 자국어는 수어이므로 글을 쓴다는 것도 외국어를 사용하는 것과 같다. 아무런 갈등 없이 자연스럽게 쓰는 언어가 보이는 소리인 수어이고 소리를 글로 쓴 언어인 한글은 들어보지 못한 소리를 형상화한 2차 언어가 되기 때문이다.

　간혹 거리에서나 전철과 버스정류장 등에서 농인이 수어로 대화하는 모습을 볼 수 있다. 여러 단체에서의 수어 교실 강의 안내문도 보게 된다. 일부 대학과 고등학교에 대부분 수어동아리가 있고 청인 교회 수련회 등에서도 간단한 강좌를 통해 수어를 배워오기도 한다. 청인이 농인과 가까이 지내려는 노력이 커지고 있는 것은 사실이다.

언젠가 수어 통역사를 대동하고 헌혈하겠다고 온 농인을 안 된다고 돌려보냈다는 기사가 게재된 적이 있었다. 그 이유가 만일에 헌혈 후 건강상의 문제가 있으면 정확한 의사소통이 곤란하기 때문이라고 하니 더욱 이해가 안 된다. 2000년도 기사이니 이제는 좀 나아졌으리라 생각하는 사람도 있겠지만 지금의 현실도 그렇게 나아졌다는 느낌이 들지는 않는다.

청각장애로 인한 인권적인 문제의 발생은 수혈뿐 아니라 운전면허 취득과 취업할 때, 경찰서와 교도소 등 공공기관에서도 생길 수 있다. 긴급한 상황에서 진료받을 때 환자와 보호자의 의견과 정보가 치료자에게 적절히 전달되지 못하는 일도 발생한다.

어느 목사님이 화상으로 온몸에 흉터가 생겼는데 특히 얼굴의 흉터가 심했다. 손가락은 두 개씩 붙었고 손가락 끝은 고드름처럼 녹아내려 가늘어져 있으며 손과 얼굴 피부색이 검게 변했다. 어느 날 목사님이 차를 마시러 커피숍에 들어갔다. 종업원이 목사님을 구걸하러 온 사람으로 여기고 오천 원짜리 한 장을 주며 나가달라고 하였다고 한다.

흔히 외모만을 보고 잘못 판단하듯이 장애인의 능력을 판단하기보다 장애 자체를 선입견으로 보기가 쉽다. 농인이 일반인과는 아주 다른 사람인 양 여기고, 청인인 자신은 '농인에게 도움을 줘야 한다'고 생각하기도 한다. 이와는 반대로 외관상으로는 일반인과 다를 바 없는 농인이 '무슨 어려운 일이 있겠는가?', '잘 걸으니 원하는 곳에 마음대로 갈 수도 있고 볼 수 있으니 큰 어려움이 없지 않을까?'하고 생각하는 사람들이 많은 것 같다.

들리지 않는 문화에서 사는 농인의 삶을 상세하게 들여다보면 불편한 점이 한둘이 아니다. 소리에 묻혀 사는 청인의 생활과는 크게 다르다. 청인들도 때로는 농인의 도움을 받을 수 있으며 서로가 한 사회의 일원으로 살아가고 있다.

농인은 의사소통이 문제이지 다른 면에서는 큰 어려움은 없다. 청인은 농인이 사용하는 의사소통의 방법이 청인과는 다른 언어를 사용한다는 것을 모를 수도 있다. 그래서 농인들을 아무런 불편함이 없는 사람들로 여기고 들리는 것이 좀 불편한 사람 정도로만 생각하기가 쉽다.

청인이 쓰는 언어는 뜻글자가 아니면 보통은 소리 나는 대로 쓴 것이다. 글자를 보면 그림이 아니라 소리가 연상된다. 농인은 그림만 연상되므로 문자를 보는 개념도 청인과 농인은 다르다. 농인은 보이는 소리로 의사소통하고 청인은 들리는 언어로 의사소통을 하기 때문이다.

같은 얼굴이지만 그 문화가 다르고 의사소통의 방법도 아주 다른 집단이다. 한국인이 영어를 못 알아듣는 것과는 다른 의미이다. 이를 인지해야만 농인을 이해하게 된다.

농인은 언어의 입력(input)과 출력(output)의 과정이 청인과는 다르다. 청인은 소리를 귀로 듣고 생각한 것을 입을 통해 음성으로 전달한다. 농인은 눈으로 본 것으로 생각하여 손이나 표정과 때로는 몸동작을 동반하여 표현한다. 농인의 삶은 소리 없는 텔레비전을 보는 무성영화 시대인 것이다.

지금은 많은 정보가 소리로 입출력되고 있다. 전자기기도 글자를 써

넣거나 리모컨을 조작하는 것조차 점차 음성입력으로 조절한다. 농인에게 있어서 첨단기기가 때에 따라 오히려 더 불편을 초래할 수도 있다.

　청인은 직접 경험하지 않은 소리 없는 세상을 이해하기가 쉽지 않을 것이다. 그러나 조금이라도 관심을 가지고 농인의 삶을 보게 되면 지식정보전달을 비롯한 일상생활의 곳곳에서 불편함을 극복하며 살고 있는 모습에 격려를 보내게 될 것이다.

<2018년 4월호>

보이는 언어로 살아가기

그동안 장애인에 대한 인식은 서서히 그리고 꾸준히 변화되어 왔다. 변곡점이 된 시기는 언제일까. 6·25 전쟁 이후 많은 부상자와 상이군인들이 생겨 곳곳에서 장애인들을 볼 수 있던 시기가 있었다. 그 당시 일반인들의 인식 속에는 특히 어린아이들은 장애인을 무섭게 생각하기도 했고 장애인의 생활이 어렵지 않나 측은하게 여기기도 했다.

이러한 인식이 바뀌게 된 계기에는 여러 가지 요인이 있겠지만 그중 하나는 88 올림픽에 이어 열린 88 장애인올림픽이다. 이때는 장애인올림픽이라고 하였지만 이후에 패럴림픽으로 명명되고 이제는 패럴림픽이라는 용어가 낯설지 않다.

이 당시 시청자들은 휠체어를 타고 경기에 임하는 선수들과 절단된 두 다리에 의족을 하고 달리는 육상선수들의 모습 등을 보았다. 일반인들은 장애인 선수들의 해맑고 환한 얼굴과 경기에 임하는 태도 등을 보면서 '장애인도 무슨 일이든 잘 할 수 있겠다'고 새롭게 인식하는 계기가 되었다.

해마다 열리는 '장애인의 날" 행사를 보면 장애에 대한 개념도 조금씩 바

• 장애인의 날(4월20일): 장애인에 대한 이해와 장애인의 재활 의욕을 고취하고, 복지 증진의 계기를 마련하기 위해 제정한 날

꿰어 가고 그들을 보는 시각도 점차 달라진 면을 알 수 있다. 행사하는 날은 언론매체를 통해 장애 체험을 하는 정치인도 보인다. 장애를 극복한 각기 다른 장애인들이 TV에 나와서 장애 체험담을 나누기도 한다. 이러한 변화 속에서도 장애를 이해하는 정도는 어떠한 장애에 더 많은 관심이 있는지와 개인마다 다소 다르다.

맹인은 설명하거나 만나지 않아도 장소 이동이 불편하다는 것을 안다. 지체장애인은 거동에 제한이 있으며 편의시설이 없는 곳은 이용하기 어렵다는 것도 이해한다. 그러나 농인이 장애인올림픽에 출전할 수 없다는 사실을 아는 사람은 많지 않다. 장애인의 날에 매스컴에서 농인에 대한 체험을 다룬 적도 거의 없고 기사도 다른 장애인에 비해 적은 편이다.

장애 체험을 할 때 휠체어로 이동하거나 목발을 짚고 계단을 올라가거나 눈을 가리고 걸어보면 다른 설명을 하지 않아도 각각의 장애가 얼마나 생활하는데 불편함을 주는지 곧 알게 된다. 귀를 막고 소리를 듣지 못하는 상태를 체험하게 하는 경우는 거의 찾아볼 수 없다.

이외에도 농인의 세세한 면을 잘 이해하기 어려운 이유는 농인 스스로 본인에 대해 직접적으로 이야기하는 기회가 적기 때문이다. 다른 장애인은 여러 가지 장애가 있다고 할지라도 자신의 문제를 본인이 직접 이야기할 수 있다. 충분히 이야기하기 어렵다고 생각되는 지적장애인이라면 보호자가 앞장서서 그들의 입장을 일반인에게 알리고 호소하기도 한다.

농인 자녀를 둔 보호자는 다른 장애인에 비해 농인 자녀의 어려움을 상세하게 이야기하는 경우가 드물다. 농인 당사자도 수어 통역사 없이는 일반인에게 자기 의사를 전달하지 못한다. 그 외에도 농인을 제외한 다른 장애는 눈으로 보기만 해도 어떤 장애가 있는지를 쉽게 아는 반면, 농인은 가만히 있으면 장애를 가졌는지 모른다. 대화해보기 전에는 들리는지 안 들리는지조차 알 수 없다.

외모만 볼 때는 장애가 없어 보이는 농인, 그들 문화권에 깊숙이 들어가 보기 전에는 그들의 특성이나 들리지 않는 문화가 어떤 것인지를 이해하기가 어렵다. 농인을 만났을 때 '수어를 모르면 필답으로 하면 되지 않느냐'는 이야기를 쉽게 한다. 농인의 입장에서는 들리지 않는 한글을 철자법에 맞게 쓴다는 것 자체가 힘들다. 일반인들은 이런 상황을 경험하지 않고는 이해하기가 어려울 것이다.

농인의 모국어는 수어이며 구화를 배운 사람일지라도 소리는 보일 뿐이지 들리는 것이 아니다. 올리버 색스(Oliver Sacks)가 지은 ≪목소리를 보았네 seeing voice≫는 보이는 언어를 사용하는 농인의 삶을 다각도로 조명한 책이다. 농문화와 농인을 이해하기 위해서라면 꼭 읽어 보아야 할 필독서이다.

임신 20주 전후로 태아는 소리를 들을 수 있다고 한다. 그러므로 출생 전부터 듣는 소리를 소중히 다루고 소리로 인하여 인간이 갈등하는 일이 없어야 한다. 소리를 들을 수 있는 청인들도 보이는 언어로 살아가는 농인의 삶을 조금이라도 이해하고 함께 이 시대를 살아가야 할 것이다.

<2020년 8월호>

2부
언어와 수어手語

수어手語 특징

　수어는 농인의 일차 언어이다. 농인은 수어를 능숙하게 보다는 자연스럽게 사용한다. 농인은 청인이 한국어를 습득하듯이 수어를 사용하는 농인으로부터 모국어처럼 습득한다.

　사용하는 수어는 표정이 동반되므로 일반적으로는 본인의 생각과 일치된 감정으로 의사 표현을 한다. 청인이 수어를 배우는 과정은 외국어를 익힐 때 느끼는 한계와 갈등에 비유하기도 한다. 청인이 수어를 사용하면 한국어가 모국어인 사람이 외국어로 의사표시를 하는 것과 같다.

　소리가 없이 단지 보이는 언어를 일반적으로 수화手話라고 하지만 몇몇 사람들은 이를 수어手語(sign language)로 표현하는 것이 옳다고 주장해 왔다. 일종의 수화도 언어라는 것이다. 2016년에 한국수화언어법(약칭:한국 수어법)이 통과된 후 공식 용어도 수어이므로 이 장부터는 수어로 표기한다.

　일반인이 자국어(모국어)를 사용할 때도 개인에 따라 어휘나 표현 등에 있어서 차이가 있는 것처럼 수어도 농인마다 다소 다를 수 있다. 가령 외국어인 영어의 경우를 생각해보자. 영어를 모국어처럼 유창하게 자유자재로 구사하는 사람부터 속으로 영작하여 그것이 문법에 맞나 생각하며 떠듬떠듬 이야기하는 사람까지 다양하다. 말하는 방법이나 발음과 어휘 등의 사용이 실력에 따라 차이가 있다. 사람이 말하는 양상을 보면 외국어 실력을 어느 정도는 알 수 있는 것처럼 청인이 하는 수어 정도를 보면 얼마나 농인 사회에 익숙해 있는가를 알 수 있다.

농인은 수어를 하면서 자연스럽게 감정과 동반된 표정이 나타난다. 수어와 더불어 몸짓과 표정도 의사소통의 역할을 한다. 농인이라고 다 수어를 잘하는 것은 아니다. 청인의 국어 실력이 사람마다 다르듯이 농인의 수어 실력 역시 학력과 교양 및 말투 등에 따라 다양하기 때문에 조금씩 다르다.

농인이 수어를 할 때 다양한 표정을 동시에 나타내는 것은 수어 문장의 문법을 나타낸다. 음성 언어에서의 뉘앙스와 억양 같은 감정적인 면도 농인 개개인에 따라 달리 표현하고 있다.

청인이 수어를 할 때 말하는 단어에 집중하다 보면 농인처럼 감정과 동반된 자연스러운 표정이 잘 되지 않는다. 농인의 입장에서 보면 수어의 단어 배열은 맞지만, 수어다운 느낌을 전달받지 못한다. 밋밋하여 지루하니까 수어에 집중이 잘 안 된다고 말한다.

우리말에 서툰 외국인이 자연스러운 억양과 리듬이나 끊어 읽기 등의 말하기가 잘 안되는 것을 한국인이 들을 때와 비슷하다. 청인이 수어의 문법에 대하여 깊이 이해하지 못하고 수어 단어만을 나열하면서 자신의 의사를 전달하기 때문이다.

수어도 하나의 언어로서 문법적인 요소가 있다. 청인이 수어의 이러한 특성을 이해하여야 수어답게 표현할 수 있는 것이다.

우리말을 처음 배운 외국인이 '아버지가 방에 들어가신다'를 '아버지 가방에 들어가신다'라고 읽을 수 있다. 외국인이 어색한 발음으로 띄어쓰기가 잘못되었어도 한국인이라면 그 뜻을 이해할 수는 있다.

농인이 수어를 하는 청인의 모습을 보면 외국인이 한국어를 처음 배워 '아버지 가방에 들어가신다'는 식의 수어를 하는 것처럼 느낄지도 모르겠다. 농인과 청인이 함께 어울려 수어를 하고 있노라면 농인은 물론이고 농인 사회에 익숙한 사람들은 소리 없이 수어만 하는 양자를 보기만 해도 누가 농인이고 누가 청인인지를 알 수 있다.

청인은 수어가 능숙하여 수어로 잠꼬대할 정도가 아니면 대부분이 수어를 보고 있어도 마음속으로는 수어에 해당하는 소리로 된 언어(1차 언어/모국어/한글)로 먼저 생각한다. 한국인이 영어를 할 때 영작해서 그것을 영어로 옮기는 단계가 있는 것처럼 청인이 수어를 할 때도 모국어인 1차 언어로 생각하고 이를 번역하는 단계를 거친다.

외국어를 정말 잘하는 사람은 처음부터 원어민의 언어로 문장을 구성하고 말하는 것처럼 수어도 처음부터 문장을 구성할 정도라야 수어에 능통한 것이다.

미국에서 원어민의 수어는 ASL(American Sign Language)이다. 미국 청인은 영어 문장을 영어 어순에 맞게 수어로 번역하는 SEE(Signing Exact English)를 사용하기도 한다. 미국의 농인 사회에서는 청인이 ASL을 자유롭게 할 수 있어야 농인 문화권에서 활동하는 것으로 여긴다.

한국에서는 '진정한 KSL(Korean Sign Language)이 과연 무엇인

가'라는 큰 전제를 놓고 학자들 간에는 다른 의견이 많다. 아직 누구도 확고하게 정립된 한국 수어의 원조라고 할 수 있는 체계를 제시하지 못하고 있다. 우리나라 농사회가 하루속히 KSL을 정립하여 농문화를 발전시키는 초석을 이루고 세계적으로도 인정받기를 소망한다.

<2017년 7월호>

농인의 모국어母國語

일반적으로 수어를 농인의 모국어(mother tongue)라고 말한다. 수어가 농인에게 자유롭게 구사할 수 있는 언어라는 뜻으로는 맞다. 그러나 문자적 의미의 '어머니로부터 배우는 언어인 모국어'라는 의미에서는 벗어난다.

농인이 수어를 습득하는 과정은 청인이 가족들로부터 특히 어머니군(mothering)으로부터 자연스럽게 언어를 습득하는 과정과는 다른 측면이 있다. '농인의 모국어는 수어이다'라는 말에 대해 필자는 조금 다른 생각이다. 수어가 농인에게 있어 가장 자연스러운 언어이며 자유롭게 의사를 표현하는 언어라는 점에는 이의가 없다. 좀 더 세밀한 의미에서는 농인의 수어는 청인의 모국어 개념과는 다소 다르다.

말 그대로 모국어의 정의는 아무런 장애 없이 습득하는 1차 언어이다. 하트만(Hartman)은 자아의 갈등 없이 배울 수 있는 언어라고 하였다. 언어의 습득과정을 보면 대개는 어머니로부터 또는 어머니라 총칭할 수 있는 윗세대로부터 그리고 좀 더 넓게는 가족과 친척들로부터 말을 배운다. 이렇게 배운 말이 유아용 언어인 '까까', '맘마', '냠냠' 등으로부터 시작해서 점차 고급 언어인 '밥', '진지', '수라' 등으로 발전하게 된다. 이런 과정들이 지속되어 현재 자신이 쓰는 언어가 되는 것이다.

청인은 얼마나 많은 시간을 국어 공부에 할애하는가. 청인은 받아쓰기와 단어 맞추기 및 단어 퍼즐(십자형 칸 등)과 말의 유희, 동요 그리고 의성어 등을 익혀가며 유치원과 초등학교 6년을 보낸다. 중·고등학교 6년 동안도 국어를 배우고 글짓기학원과 웅변학원까지 다닌다. 대학 입시를 위해 별도의 논술고사를 위한 과외나 학원도 간다. 대학에 가면 교양학부에서 1년 더 국어를 배운다. 이렇게 우리말을 잘하려고 국어교육에 투자한다. 그래도 한글 맞춤법을 완전히 안다고 말하는 사람은 많지 않은 것 같다.

청인들은 일반적으로 가정에서 부모가 '어른에게 그렇게 이야기하면 안 된다', '존댓말을 써야 한다', '무슨 말투가 그러냐…' 등 자녀가 쓰는 말을 간섭하고 훈육한다. 집안의 어른들로부터 충고와 조언도 듣는다. 학교에서는 스승과 선배에게서 자신의 언어 태도를 되먹이(feedback)한다. 꾸준히 고치고 자신의 언어를 만들어가며 성장하게 된다. 직장에 들어가면 직장 상사나 선배가 사소한 단어나 억양을 지적하기도 한다. 언어는 인간관계의 매개체이다. 올바르게 언어를 사용하기 위해 이렇듯, 모르는 사이 다양한 과정으로 통해 훈련받는 것이다.

농학생의 경우에 학교 교육에서 농인의 모국어인 수어를 얼마나 큰 비중으로 가르치고 있는지 반문하고 싶다. 서울에 있는 한 농학교는 중학교 과정에 국어 시간이 일주일에 5시간이 있다. 수어 시간은 예전에는 있었지만, 지금은 정규시간에는 없고 일주일에 한 번으로 방과 후에 있다고 한다. 농인이 주장하는 모국어인 수어를 체계적으로 배우지 못하는 현실이다.

　국어는 쓰기와 말하기 및 듣기와 읽기 그리고 독해력을 보고 국어 실력을 평가한다. 청인은 시와 산문과 소설 및 수필과 일기를 비롯한 기행문과 동화와 노래 가사 등을 통해 국어 실력을 함양한다. 감수성이 예민한 시기의 농학생들이 농인의 원어原語인 수어로 된 시를 접한 적이 있는지 모르겠다. 영시가 영어 원문으로 된 것 같이 수어 원어로 된 시를 배우고 수연手演해본 경험이 얼마나 있었는가 하는 이야기이다.

　농인이 수어 시를 접해보지 못하는 것은 청인이 영시는 모르고 한글로 번역한 영시만 읽은 것과 같다. 물론 학창 시절에 일반시를 수어로 번역해서 배우기는 할 것이다.

　농인에게 있어 수어가 1차 언어임은 분명하다. 그러나 아동기에 수어를 어머니라 총칭할 수 있는 윗세대로부터 가정에서 습득하는 경우는 드물다. 청인 부모에게서 자란 농아동은 대부분이 집에서만 쓰는 가정 수어를 제스처와 함께 사용한다. 농유치원과 농학교에 가서야 동료들이나 선생님으로부터 수어를 배운다. 왜냐하면 청인 부모가 수어를 잘하는 것이 쉽지 않고 청인 부모로부터 수어를 체계적으로 배우는 것도 힘들지만 드물기 때문이다.

　청인(the hearing)은 자국어인 한글이 농인(the deaf)에게는 2차 언어라는 사실을 알아야 한다. 2차 언어라는 것은 모국어가 아니기 때문에 자유자재로 구사할 수 없는 언어를 말한다. 일반인에게 있어 영어가 2차 언어인 것처럼 농인에게는 한국어가 2차 언어이다. 농인은 한 번도 듣지 못한 소리(한국어)를 표기한 문자를 보고 외국어를 독해하듯 글자를 읽고 해석해야 한다.

청인에게 한글은 자신이 늘 하는 말을 발음대로 표기한 문자이므로 글씨를 읽을 때 자연스럽게 음성이 연상된다. 자신이 늘 말하고 있는 개념을 문자화한 것이라 글자를 보고 쉽게 그 뜻을 안다. 농인의 경우는 다르다. 농인은 한글을 보고도 자신이 늘 쓰는 수어가 연상된다. 글이 나타내는 개념을 이해하고 인지하는 과정도 청인과는 다르다.

청인은 소리를 통해 들은 것을 뇌의 측두엽에 있는 언어 중추에서 해석한다. 농인에게 자신의 1차 언어인 수어는 보이는 언어이다. 농인은 공간적 개념에 시간적 좌표가 추가된 의미로 언어를 해석해야 한다. 즉 수어는 3차원의 공간적 개념인 보이는 모양뿐만 아니라 시간적 흐름을 나타내는 동작의 속도감과 방향 등도 표현해야 한다. 수어는 공간에 시간의 좌표가 더해져 4차원의 언어인 셈이다(Stokoe 1979).

<2017년 8월호>

국어와 수어

 한국어는 한국 사람이 사용하는 언어로 '국어'라고 한다. 청인이 사용하는 언어지만 농인들도 국어를 사용해야만 한다. 농인이 자연스럽게 사용하는 언어는 '수어'이지만 기록하기 위해서는 국어가 필요하다.

 한국사람이 영어로 기록하려면 문맥이나 어감에서 한국어와 달라서 쉽지 않은 것처럼 농인은 국어로 기록하기가 힘들다. 청인은 국어를 소리 나는 대로 쓰면서 맞춤법과 띄어쓰기를 하면 어느 정도 문장이 완성된다. 그러나 농인은 들어 보지 못한 소리를 음운에 따라 쓰고 수어 단어에 토씨를 붙이고 존댓말과 반말을 구분하는 등 번거롭고 어렵기 때문이다.

 청인은 농인이 쓴 문장을 보면 맞춤법이 맞지 않고 쓰인 단어도 이상하고 문맥도 잘 맞지 않는다고 느낀다. 필자는 이러한 이야기를 하는 청인에게 한글로 쓰는 보고서를 영어로 써오라고 하면 이해한다. 청인은 한국어가 농인에게는 외국어와 같다는 것을 모를 수 있다.

 국어가 얼마나 어렵고 힘든 것인가는 한국어를 배우는 외국인에게 물어보면 안다. 우리는 학교 들어가기 전부터 대부분 조기교육으로 한글을 익힌다. 초등학교부터 중고등학교와 대학교 교양학부까지 국어를 정식과목으로 배운다. 이렇게 오랫동안 국어를 배워도 자신이 없고 맞춤법과 띄어쓰기 등을 완전하게 하는 사람은 많지 않다.

수어는 유치원 과정에서 배우는 경우가 드물다. 초등학교에 가서 수어를 사용하는 선배들로부터 간단한 대화나 수업 시간에 필요한 수어를 본격적으로 배운다. 수업 과정도 청인의 국어 시간처럼 수어 문법과 수어 수필 및 수어 시 등을 배우는 것은 아니다.

방과 후 수어 교실을 통해 따로 수어를 배우기도 한다. 전에는 수어를 잘 모르는 교사들이 칠판에 필기한 것을 위주로 배웠다. 내용을 제대로 알아들을 수도 없는 입술을 보면서 수업받기도 했다. 이제는 정부가 필수적으로 교사들에게 수어를 권유하고 있어서 다행이다.

2016년에 이 예리사 의원이 발의하여 통과된 한국수화언어법(약칭: 한국 수어법)은 곳곳에서 변화를 가져오고 있다. 학교에서도 예외가 아니다. 농학교 선생님들에 대한 수어 교육과 이에 대한 대책들이 진행되고 있다. 문화체육부는 수어를 가르치는 교원에 대한 자격 문제도 논의하고 있다.

앞으로는 적절한 자격을 취득하지 못하면 수어도 공공장소에서 가르칠 수 없게 된다. 언어를 체계적으로 배우고 가르치는 과정은 단순하지 않다. 배우는 사람의 자세도 중요하지만, 가르치는 사람의 수준이나 자격 여부는 언어를 가르치는 데 영향을 주기 때문이다.

수어를 물어보는 농인들

농인이 '수어를 청인에게 물어본다'라고 하면 이해가 안 될지도 모르겠다. 만일 '한국 사람은 한국말을 잘 한다'라고 하면 어떤가. 한국 사람이라고 해서 모두 한국말을 잘하는 것은 아니다. 각 개인이 말하는 능력은 천차만별이며 각 사람이 쓰는 어휘의 정도도 역시 다르기 때문이다.

'농인은 수어를 잘 한다'는 맞지만 '모든 농인이 수어를 잘한다'고 할 수는 없다. 청인도 한국말이지만 어려운 이야기를 하면 뜻을 잘 몰라 물어보듯이 농인 역시 어려운 말을 하면 내용이나 어휘를 모르는 사람도 있다.

농인들이 간혹 필자에게 와서 '이것은 수어로 어떻게 합니까?'하고 물으면 처음에는 당혹스러웠다. 내가 수어를 얼마나 알고 있는지 시험하는 듯도 하고 '농인나라 말인 수어를 왜 이국인인 나에게 물어볼까'하는 생각도 들었다. 농인 사회를 조금씩 알아가면서 이러한 의문은 없어졌다. 무엇을 물어볼 때는 아는 범위 내에서 설명해주면 고개를 끄덕이며 이해한다.

말을 하는 것과 말을 가르치는 것은 별개이다. 유창한 말과 진실된 말도 일치하지는 않는다. 말을 올바르게 배워 진실된 말을 할 수 있어야 인격도 자라난다. 음성언어로 전달되는 단어에서도 말하는 이의 감정과 품격 및 직업 등이 나타날 뿐 아니라 진실성 여부를 알 수 있다. 소리는 단시간에 이루어진 것이 아니다. 뱀 장수의 말은 뱀 장수처럼 들리고 시인의 말은 시처럼 들린다.

수어도 표현하고자 하는 단어에서 음성언어가 의미하는 다양한 요소들을 나타낼 수 있다. 농인들이 수어를 아름답게 사용하고 인격이 드러나는 품위 있는 언어가 되도록 노력해야 한다. 수어가 발전됨으로써 농문화도 더욱 꽃피우게 될 것이다.

<2017년 9월호>

청인이 사용하는 손말 언어

수어는 농인이 사용하는 언어이다. 농인은 들을 수 없어서 자연적으로 배울 수 있는 음성언어를 익히지 못했기 때문에 수어가 자연스러운 언어이며 이를 편하게 사용한다. 물론 수어를 사용하지 않는 농인들도 있다. 이들은 구화 교육을 받아 발성을 하고 상대방의 입술을 읽어서 의사소통을 한다.

음성언어를 들을 수 있으면서 말을 하는 청인이 특수한 상황에서 말을 하지 않고 손짓을 통해 의사소통하는 경우는 없을까? 각 나라마다 일상적으로 사용되고 인식되는 제스처가 있기 마련이다. 특수한 상황의 제스처라기보다는 정확한 손말이 필요한 경우에 사용한다. 손말을 효율적으로 활용해서 업무의 능률을 높이기도 하고 위험한 상황 속에서 상대에게 수신호를 보내는 역할도 한다.

손말의 사용은 원시시대부터 사용되었을 것으로 추정한다. 창과 화살로 사냥할 때는 보다 가까이에서 사냥감에 접근해야 성공률이 높다. 먼저 발견한 사람은 사냥감의 종류를 알리고 어느 방향으로 추격하라는 신호를 보내야 한다. 이때 크게 소리치면 사냥감은 멀리 달아나 버릴 것이다. 이러한 상황을 손짓으로 전달하는 방법들이 점차 고안되었다. 동물의 이름을 나타내는 손말과 방향을 지시하는 손말 및 공격하라고 지시하는 손말 등이 차차 공동체 안에 정착하여 사냥할 때 이러한 손말을 사용했다. 원시시대로부터 시작된 청인들의 손말이 현대화된 우리 사회에도 필요할까? 현대에도 물론 손말이 편리하게 사용되는 분야가 있다.

한국의 대중 스포츠가 된 야구 경기를 보자. 야구장에 가면 선수들과 심판들을 볼 수는 있지만 심판이 외치는 스트라이크나 볼의 소리를 멀리 있는 관중은 듣기가 어렵다. 그럴 때 심판은 판정인 스트라이크와 볼 그리고 아웃 등을 멋진 손말로 경기자와 관중에게 보여준다. 이는 야구뿐만이 아니고 농구와 배구 및 아이스하키 등 여러 경기 종목에서도 마찬가지이다.

스킨스쿠버의 경우는 어떠한가? 일단 그들은 물속에 들어가면 말을 할 수가 없다. 따라서 수신호로 자신의 의사를 상대에게 전한다. 물속에서 써지는 펜으로 작은 보드에 문자를 써서 의사를 전달하기도 한다. 방송국 스튜디오에서도 마찬가지로 손말이 유용하게 사용된다. 더 크게 이야기하라든지 중단하라는 신호를 손짓으로 한다.

특공대에서는 지휘관이 지시를 손짓으로 한다. 항공모함의 함재기 이륙할 때도 시끄러운 소음이 발생하므로 손말이 유용하다. 이러한 손말은 엄밀한 의미에서 수어와는 다르다. 그 집단에서만 사용되는 용어에 대한 손말인 것이다.

이와는 달리 청인임에도 불구하고 수어를 사용하여 의사소통하는 집단도 있다. 그들은 언어가 부족마다 달라 물물교환한다거나 부족 간회의를 할 때 수어를 사용해 의사소통했다. 다름 아닌 북미의 인디언 부족으로 각 집단의 언어가 달랐지만, 수어를 통해 서로 다른 부족 간의 의사소통이 가능했다. 인디언들의 수어는 수어에 대한 근본 자료로 많이 연구되고 있고 이를 사용하는 사람은 적지만 아직 남아 있다.

1889년 키오와 부족의 인디언 'I-see-O'(인디언 이름)로부터 수어를 배운 스콧 중위(Hugh L. Scott)는 수어를 사용하는 인디언 부족과도 의사소통이 가능했다. 그는 미국과 인디언 간의 가교 역할을 하여 전쟁이 발발하기 전에 수차례 막을 수 있었다. 그 후 스콧 중위는 1915년 소장으로 승진했다. 제7대 육군참모총장을 역임한 후 1917년 퇴역했다. 스콧 참모총장은 인디언 수어를 사용한 전설적인 장군으로 기억되었다.

유용한 손말 언어를 사용하여 편리하게 생활 속에서 활용할 수도 있지만 청인이 수어를 할 수 있으면 물속에서도 자신이 하고 싶은 말을 지장 없이 할 수 있고 길 건너 넓은 차도가 있어도 서로의 의사를 전달한다. 전쟁 시에는 수어를 하는 군인들은 조용한 가운데 작전을 수행하기도 한다. 무엇보다도 청인이 수어를 잘하게 되면 농인 친구들을 사귀고 다른 사회를 넓게 볼 수 있는 창구가 생기는 것이다.

<2021년 3월호>

소리와 테크놀로지

    소리는 물고기의 물과 같이 청인들에게는 무의식적인 감각이다. 들려오는 소리는 주의 깊게 들어야 하는 것도 있지만 무심코 들려오는 것도 많기 때문이다. 소리가 어떠한 과정을 거쳐 내 귀에 들려오는가를 세심히 생각하고 느끼고 지내는 청인은 많지 않은 것 같다.

    농인이나 난청인에게 소리라는 매체와 소리의 음질과 미묘한 차이나 억양 등을 설명하기는 어렵다. 과학자들은 소리가 전달될 때 어떻게 하면 좀 더 잘 들을 수 있을까 하는 생각으로 소리를 잘 듣지 못하는 사람들의 어려움을 해소하기 위해 연구하고 다양한 기기들을 발명했다.

    처음에는 단순히 소리를 모아 좀 더 잘 들어보자고 시도했다. 동물의 뿔을 가지고 넓은 쪽을 소리 나는 곳으로 향하고 가는 쪽을 귀에 대는 식으로 소리를 모아 들어보려고 노력했다. 이후에는 쇠로 만든 나팔관 모양의 스코프로 대치하여 귀에다 대고 소리를 모아 들어보기도 했다. 이렇게 소리를 증폭하게 되면서 점차 전기를 통한 기기가 발명되고 보청기로까지 발전하게 되었다. 보청기를 소형화하는 데까지는 많은 시간이 걸렸다.

    초창기에는 커다란 보청기를 가슴에 달고 이어폰을 귀에 꽂고 소리를 증폭해 들었다. 보청기인지 모르는 사람은 하루 종일 라디오를 듣고 다니는 것으로 오해하기도 했다. 보청기는 점차 소형화되고 정밀화되어 지금은 아주 작은 보청기를 귀속에 넣어 외견상 잘 보이지 않는다.

구화학교에서는 약하지만 청력이 조금이라도 보존되어 있는 학생들에게는 선생님이 마이크로 말을 하면 학생들이 단체로 동시에 들을 수 있는 FM 보청기를 사용하여 발성하는 법을 가르치기도 했다.

보청기를 사용하여도 충분히 소리를 감지할 수 없는 농인이 청인처럼 전화로 서로 소통할 수 있는 방안이 없을까 하고 묘책을 강구하고 있었다. 마침내 미국의 농인 공학도 로버트 바이트브레흐트(Robert Weitbrecht)는 1964년 일반 전화선을 이용하여 문자전송전화기(TTY)를 통해 농인들 끼리 멀리서 문자를 전송하게 하는데 성공했다. 소형 타이프라이터 같은 자판을 쳐서 상대방의 작은 모니터에 문자 자막이 나와 쌍방향의 의사소통이 가능하게 되었다.

문자전송전화기는 농인에게 있어 청인의 전화와 같은 역할을 하는 획기적인 기계였다. 최근에는 공중전화박스에서 전화하는 것을 보기가 힘들다. 미국에는 스마트폰이 일반 대중에게 보급되기 전에는 공중전화박스에 두꺼운 옐로북 전화번호부와 농인들의 문자전송전화번호부도 따로 한 권이 있었다.

지금은 농인들도 영상전화기를 비롯하여 스마트폰으로 어느 곳에 있든지 서로 수어나 문자로 소통한다. 첨단 기기가 발명되기 전까지는 팩스나 013 번호로 시작하는 문자 단말기 등을 사용하기도 했다. 아직도 문자전송전화기는 미국의 공공기관과 정부부처의 번호를 안내한다.

농인들이 민원과 요구들을 직접 공공기관과 소통할 수 있는 창구로도 열려 있다.

비디오폰 개발에 이어 스마트폰 시대로 접어들었다. 농인들의 의사 소통이 전에 비해 다소 원활해졌다. 그러나 우리나라는 농인들을 위한 다른 문화적 환경은 외국에 비해 좋아진 점을 찾기 어렵다. 농인들이 편리하게 소통하도록 하기 위해서는 우리 사회가 그들의 언어를 진정한 언어체계로 인정해야 한다. 수어 노래 몇 곡을 한다고 하여 마치 수어를 잘하는 것처럼 보이려고 해서는 안 되는 것과 마찬가지이다.

해군 제복 뒤의 치장 깃은 바다에서 소리가 잘 안 들릴 때 깃을 올려 소리를 잘 들을 수 있는 도구로 사용되기도 한다. 이러한 작은 부분도 소리의 그 섬세함과 민감함을 알고 정확한 소리를 감지하여 조금이라도 소통을 쉽게 하려는 지혜인 것이다.

이와 마찬가지로 수어 통역사가 통역을 하기 위해 자리에서 일어났을 때 수어가 잘 보일 수 있도록 배경을 배려하면, 이는 마이크가 잘 들리게 하는 것과 같다. 수어가 잘 보이도록 수어 통역사가 옷차림을 해도 농인들은 선명한 수어로 내용을 잘 이해한다.

소리를 잘 듣게 하기 위한 테크놀로지의 발달도 농인들에게 도움이 되었다. 우리가 전문지식이 없어 특출한 기기를 개발하지는 못하더라도 작은 배려는 농인들과 올바른 소통을 하기 위한 첫걸음이 된다.

한국의 39여만 농인과 전 세계에 4억 6천6백만 농인이 있다. 앞으로 우리 사회가 해야 할 일들이 곳곳에 많이 있음을 실감한다.

<2021년 2월호>

금기시하는 수어가 있는가

　문화는 지역마다 더구나 한 나라 안에서도 지방에 따라 다르다. 그 지방의 문화를 잘 알아야 그곳 사람들과 쉽게 어울려 지내게 된다. 청인 사회는 소리문화에 노출되어 있다. 소리의 고마움과 소리가 주는 문화적 차이에 대해 민감하기보다는 자연스러운 것으로 느낀다.

　일반인은 소리는 자연히 들리는 것으로 안 들리게 되면 어떠한 세상이 펼쳐질지를 상상하기가 어렵다. 눈이 안 보이면 답답하겠다고 생각한다. 나이가 들면 노안이 온다거나 백내장 수술이 필요하다는 소리를 듣기도 한다. 아마도 늙으면 시력이 예전 같지는 않으리라 여긴다.

　그러나 소리가 없는 세상이 되면 문화가 달라진다. 소리가 주는 다양한 정보는 배제되고 보이는 문화로 바뀐 세상을 살아가야 하는 것이다. 보이는 문화에서 생활하는 것이 농문화권이다.

　수어를 사용하건 구화를 사용하건 들리지 않는 세상은 모양과 움직임으로 뜻을 전하는 독특한 문화를 형성하게 된다. 수어도 지역에 따라 달라질 수 있다. 같은 수어임에도 지역마다 다른 의미로, 또 같은 의미로 사용되기도 한다. 이러한 수어의 차이는 근본적으로 그곳에 사는 환경과 관계가 깊다. 또한 청인들이 사용하는 언어와도 밀접한 관계가 있다.

'커피'를 수어로 표현할 때 커피가 이미 있는 지역에서는 일찍이 커피 수어를 만들었다. 이를 늦게 접한 지역에서는 외래어 수어나 발음을 음차音借 (언어의 소리를 그 언어에서 사용하지 않는 다른 문자로 표기하는 일)하여 사용했을 것이다.

미국은 커피를 두 주먹을 아래 위로 쥐고 아래 주먹을 고정하고 위주먹으로 커피를 가는 동작을 한다. 우리나라는 코피를 뜻하는 수어로 코를 가리켰다가 컵 모양에 커피를 넣고 젓는 모양으로 한다. 전화를 뜻하는 수어는 미국이나 한국 모두 주먹을 쥐고 엄지와 새끼손가락을 펴서 Y자 모양으로 입과 귀에 대는 동작을 한다.

각각의 수어는 문화에 따라 다양하다. 나라는 달라도 같거나 비슷한 수어가 있어 쉽게 뜻을 유추할 수 있기도 하다. 하지만 상대방이 사용하기를 꺼려 하는 수어도 있기 때문에 타 문화권에서 수어를 사용할 때는 조심해야 한다.

여행 자유화가 시행된 직후에 필자는 농인들과 함께 필리핀에서 개최된 아시아 농인 선교대회에 참석한 적이 있었다. 해외여행이 지금같이 자유롭지 않던 시절에는 농인들이 단체로 외국에 나가 교류하는 일이 쉽지 않았다.

참석한 농인들은 단체로 필리핀의 한 호텔에 묵었다. 아침에 일어나 선교대회에 참석한 한국의 젊은 농인 여성이 젊은 필리핀 농인 남성을 보고 '좋은 아침입니다. 형제님 어제 잘 잤습니까?'라고 수어로 인사했다. 이를 본 지나가던 필리핀 젊은 농인 여성이 얼굴을 붉히며 고개를 돌렸다. 한국 수어를 모르는 필리핀 농인은 의미를 잘못 이해한 것이었다. 한국의 '형제'라는 수어는 외국에서는 성과 관련된 수어로 사용했다. 좋은 의미로 한 수어가 다른 나라에서는 금기시되는 수어에 해당될 수도 있다.

수어뿐만 아니라 제스처 또한 마찬가지이다. V자 모양은 손가락을 펴서 승리를 뜻하거나 기쁨을 표시할 때 사용한다. 영국의 처칠 수상은 '우리는 승리(victory)할 것입니다.'하며 V자를 승리의 뜻으로 보여주었다. V자라도 손등을 상대방에게 보이면 상대방을 모욕하고 경고하는 의미로 더 나아가서는 노골적인 섹스 신호로 받아들일 수도 있다. 특별히 영국이나 아일랜드와 오스트레일리아 및 뉴질랜드에서는 V자를 사용할 때 상대방에게 손등을 보이면 욕설을 의미하므로 주의해야 한다.

문화를 이해해야 그 문화권의 언어도 이해하게 된다. 수어나 제스처도 나라마다 금기시하는 것이 있을 수 있다. 다른 문화에서 오는 미묘한 차이는 같이 생활해 보지 않고는 충분히 알기 어렵다. 보이지 않는 사람에게 푸른색과 바다색을 어떻게 설명할 것이며 들리지 않는 사람에게 바이올린과 첼로 소리의 차이를 무슨 방법으로 알려 주겠는가.

다른 문화권에 사는 사람들의 문화를 이해하여야 그들과 함께 나눌 수 있는 문화의 공동 영역을 마련할 수 있을 것이다.

<2020년 12월호>

수어 통역사

농인이 청인과 이야기하려면 여러 가지 방법이 있다. '농인은 말은 못하나 글로 하면 되지 않느냐'라고 하지만 한글도 농인에게는 쉽지 않다. 농인 중에 한글을 잘 쓰는 사람도 있기는 하지만 일반적으로는 한글을 어려워한다. 농인의 1차 언어는 수어이다. 조사가 없고 존댓말이 뚜렷하지 않은 수어를 한글로 쓰는 과정은 어려운 것이다. 토씨도 달아야 하고 존칭도 써야 하고 적절하게 반말이나 경어를 사용해야 하기 때문이다.

농인과 청인이 대화하는 방법으로는 청인이 수어를 사용하면 되지만 수어 하는 청인도 드물다. 수어를 잘하는 청인은 대개 농인과 같이 사는 가족원이거나 수어 통역사들이다.

수어 통역사는 농인들의 입과 귀 역할을 하는 농인 사회에 꼭 필요한 전문인이다. 수어 통역사 제도가 시행되기 전에는 농인에게 수어 통역이 필요하면 농인가족과 사는 청인이 수어로 통역해 주기도 했다.

교회에서는 수어를 아는 목사와 전도사가 통역해 주던 시절도 있었다. 자원봉사자들이 수어를 배워 통역하기도 했다. 청음회관에서 수어 통역하는 사람을 연결해 주던 시절도 있었다. 지금은 수어 통역센터에 소속된 수어 통역사가 대부분 통역을 담당하고 있다.

수어 통역사는 농인을 상대하는 수어 통역을 주로 한다. 방송 통역을 할 때는 정보를 수어로 통역하여 전파를 통해 제공한다. 농인을 대동하고 직접 수어로 통역하는 서비스는 병원 방문과 노사문제와 면담 및 학교 수업 통역 등이 있다. 전문적인 영역으로는 재판 통역 등을 말한다. 전문가로서의 대우에 대한 만족도는 영역별로 통역을 담당하는 사람마다 다를 것이라 여겨진다.

옛날 역관은 사역원司譯院·이나 승문원承文院··에 소속된 전문인으로 중국과 왜 및 여진 등과의 외교문서를 작성하고 통역을 담당했다. 역관들은 중국 사행私行을 통하여 무역으로 부를 축적하여 역관 출신 중에는 거부가 많았다. 조선 숙종 때 역관 변승업은 역관 무역으로 재산을 모아 고리대금업을 했다. 대출 총액이 50여만 냥이나 되었다고 한다. 변승업이 다방골에 살고 있어 '다방골 변부자'라는 말도 유행했다고 한다.

선조때의 홍순언 역관은 명나라에서 기방에 팔려온 남경의 호부시랑 류모의 딸을 구해준 인연으로 그녀의 남편이자 당시 예부시랑 석성의 전폭적인 신뢰로 종계변무宗系辨誣 임무를 수행했다. 종계변무는 중국 명나라 백과사전 ≪대명회통≫에 조선 태조 이성계가 이인임의 아들로 된 것을 조선 조정 차원에서 수정하려 했던 일이다.

임진왜란 때는 명나라 군대의 파병을 이끌어 내는데도 기여했다. 공로로 홍순언은 광국공신光國功臣 2등관 二等管이 되었다.

조선시대에 부와 명예를 얻은 변승업과 홍순언 역관의 이야기를 살펴보았다. 오늘날 수어 통역사가 활동하는 여건을 생각해 보게 된다.

• 사역원: 고려·조선시대의 번역·통역 및 외국어 교육기관
•• 승문원: 조선시대에 외교문서를 담당한 관청

우리나라 수어 통역사 자격제도는 1997년 도입하여 민간자격으로 시행되었다. 2006년부터 국가공인(보건복지부 제2015-10호)으로 (사)한국농아인협회에서 관리하고 있다. 수어 통역사 시험과목을 보면 한국어의 이해와 장애인복지 및 청각장애인의 이해 그리고 수화 통역의 기초인 필기시험과 수어 실기시험이 있다.

과거의 조선시대 정조 때 역관의 시험에는 중국어와 몽골어 및 만주어와 오키나와어 그리고 위구르어와 일본어가 포함되었다. 몽골이 언제 일어날지 모르기 때문에 몽골어 역관을 계속 두어야 한다고 주장하여 몽골어 시험을 유지했었다.

우리 사회도 이제 농인을 위해 수고하는 수어 통역사의 환경을 검토하고 전문수어 통역사도 양성해야 한다. 수어를 농인의 모국어로 인정하며 양질의 수어 통역을 제공함으로써 농인 지도자를 키우는 데도 도움이 된다. 배출된 농인 지도자들은 농사회 발전을 위해서 각 분야에서 활동하게 될 것이다.

미래에는 들리는 언어와 보이는 언어가 서로 소통되어 이해하고 함께 살아가야 한다. 청인이 농인을 보는 잘못된 인식도 없어져야 할 것이다. 수어 통역사가 전문인으로 능력을 마음껏 발휘하며 통역인으로서의 자신의 삶에 대한 긍지를 가지고 살아가기를 바란다.

<2021년 8월>

전문 분야의 수어 통역

코로나-19 감염사태로 의료계도 혼란스럽다. 코로나 환자로 인해 병실이 부족한 병원이 있는가 하면 외래 진료를 보러 오는 환자가 줄어든 진료과도 있다. 부득이한 경우를 제외하고는 입원환자들의 보호자조차도 환자 면회가 어려운 형편이다.

이러한 현실 속에서 농인이 맞이한 상황은 어떨까? 농인이 병원을 찾아 진료받기가 더욱 힘들어졌다. 방역 문제로 자신의 증상을 전달해 줄 수어 통역사와 동행하기도 곤란해졌기 때문이다.

수어 통역사는 진료와 관련하여 병원 업무도 알고 증상을 잘 설명할 수 있는 기본적인 의료지식이 있어야 상세한 통역이 가능하다. 의사의 말을 전달해 줄 때도 먼저 수어 통역사가 내용을 잘 이해해야만 농인 환자에게 납득되도록 설명할 수 있다.

의사가 통역 없이도 수어로 직접 문진하며 진료할 수 있다면 농인 환자는 자신의 이야기를 봇물 터지듯 시원하게 할 것이다. 부산 종합병원의 한 내과 의사는 수어 통역사 없이 직접 수어로 농인 환자들과 의사소통이 가능하다. 여러 분야의 전문가들이 수어를 조금이라도 한다면 농인들의 삶이 보다 편리해질 것이다.

학창 시절 법대 다니는 친구에게 지금부터 수어를 배우면 법조인이 되었을 때 농인과 직접 소통할 수 있다고 이야기한 적이 있다. 전문가가 자기 분야의 수어를 구사한다면 농인에게 직접 전문적인 설명이 가능하고 좋은 결과도 얻을 수 있다.

언젠가는 농인들과 함께 필리핀을 여행한 일이 있었다. 단체여행으로 농인들 70여 명 정도가 비행기를 탔다. 기내식을 나누는 과정에서 스튜어디스가 난색을 표했다. 메뉴는 스테이크와 생선가스 두 종류였다. 그때 수어 통역사가 스튜어디스에게 소와 물고기 수어를 가르쳐 주어 주문을 받게 했다. 농인들이 모두 만족했다.

미국에는 음악만 전문으로 하는 수어 통역사들도 있다. 락과 헤비메탈 및 블루스와 재즈 등 여러 장르의 음악을 수어로 통역한다. 음악 장르에 맞춰서 머리 스타일이나 옷차림까지 달리하며 수어 통역을 하는 것이다. 수어 동작이나 몸놀림을 보면 어떤 종류의 음악인지 추측도 가능하다.

그 외에 미국에는 아기들의 수어만을 제작하여 어머니에게 보급하는 회사도 있다. 이처럼 여러 전문 분야에서 수어로 통역하는 사람이 많이 양성되면 농문화는 보다 다양해지고 전문화될 것이다.

우리나라는 농인과 관련된 시장이 미국에 비하면 크지 않다. 수어 영상 도서를 출판사에서 만들어 판매한 곳도 없다. 장애인 도서관이나 복지관 등에서 만든 수어 영상 도서를 무료로 보급하고 있다. 그것도 제작 편수가 너무 적어 일반서적과 점자 서적 출판 부수와는 비교가 안 된다. 어려서부터 농아동에게 수어책 등을 통해 수어를 열심히 가르치면

풍부하고 다양한 수어 어휘들을 배우게 된다. 수어 어휘가 늘어나면 언어발달에도 도움이 된다.

수어는 언어이므로 다양한 각 분야의 수어를 모두 이해하기에는 시간이 많이 걸린다. 각 분야의 수어를 할 수 있는 전문 수어 통역인이 양성되어야 한다. 수어 통역사의 질적 수준이 높아지고 전문화됨으로써 농인들의 삶도 지금보다 훨씬 더 좋아질 것이다.

그러려면 수어 통역 분야를 관리할 수 있는 제도와 기관도 있어야 하겠다. 수어 통역사를 조직하고 재교육하고 모니터링하며 양질의 수어 통역을 제공할 수 있도록 전문적인 관리가 필요하다.

앞으로 전문 영역에서의 수어 통역사는 농인들이 자신의 전공분야에서 마음껏 공부하게 도와줄 수 있다. 나아가 농인들이 배운 기술과 학문을 후학에게 전하고 농인 지도자를 양성하기 위해서도 수어 통역사는 필요한 인력이다.

눈앞의 현실에 급급해 하지 않고 소를 팔아서라도 자녀들을 공부시킨 우리 선조들의 덕으로 지금 우리나라는 전 세계에서 가장 낮은 문맹률을 자랑한다. 이제 농인 사회도 자녀에 대한 농인 부모의 깊은 사랑과 전문 수어 통역사들의 헌신으로 그리고 농인 스스로의 피나는 노력을 통해 세계무대에 우뚝 선 지도자가 많이 배출되기를 기대한다.

농사회 발전에 초석을 놓은 외국의 선교사님들과 한국의 선각자 목사님들께도 깊은 감사와 존경을 표한다. 벌써 타계하신 분들이 늘어가고 있다. 기반을 마련한 농사회의 다양한 활동들이 지속적으로 이어져 나가길 바란다.

후학들에게도 귀한 농자료들을 잘 정리하여 승계하고 소중히 보전하기를 권한다. 아울러 전문적인 수어 통역이 정착되면 여러 분야에서 농인들의 삶도 현재보다 나아지게 될 것이다.

<2021년 1월호>

이중 수어 통역

통역은 외국어를 자국어로 전달해 주는 과정이다. 국제회의나 각국 정상 회담할 때 뒤에서 통역해주는 모습이 떠오르기도 한다. 외국 인사가 어느 기관 등을 방문할 때면 통역사가 따라다니며 내용을 전달하는 모습도 연상된다. 통역에 대한 공부를 하지 않고도 영어 하는 것으로 대접받기도 했던 시절도 있었다. 최근에 동시통역사는 전문인으로서 국제적인 회의 등도 감당한다.

수어 통역은 청인의 말을 통역인이 듣고 농인이 사용하는 언어인 수어로 농인에게 전달한다. 수어 통역자격증이 없던 시절에는 농인과 함께 사는 배우자나 가족 중에서 수어 통역을 하는 경우가 많았다. 어린 자녀들이 가사 일이나 간단한 일이면 농부모의 입과 귀 노릇을 하기도 했다.

요즈음은 자격증을 가진 수어 통역사들이 늘어났고 여러 분야에 종사하고 있다. 아직도 간단한 일이나 급하게 수어 통역사를 부를 수 없는 경우에는 가족이나 주위에 수어를 하는 자원봉사자에 의존해서 통역을 맡긴다.

한국어로 예를 들면 수어 통역사는 한국어를 수어로 통역하고 수어를 한국어로 음성통역도 해야 한다. 통역인은 쌍방향의 두 가지 통역을 해야만 의사소통의 중계자가 된다. 수어 실력도 중요하지만, 통역에 있어 국어 실력과 순발력도 중요하다.

외국인과 수어로 이야기할 경우에는 어떻게 전달해야 하는가. '수어는 세계 공통어가 아닌가요?'하고 반문하는 사람들도 있을 수 있다. 수어는 나라마다 다르나 모든 나라가 자국의 수어를 가지고 있는 것은 아니다.

미국은 미국 수어를 사용하고 있고 미국 수어를 필리핀과 싱가포르 등이 사용한다. 영국은 자국의 수어가 있고 영국 수어의 알파벳은 미국 수어의 알파벳과 다르다. 프랑스와 독일도 각각 자국의 수어를 사용한다.

먼저 외국인과의 상황을 생각해보자. 미국인이 와서 농인을 상대로 강연한다고 가정할 때 출발어는 음성 언어이며 영어이다. 통역인은 일단 영어를 알아듣고 한국 수어로 통역해야 한다. 음성언어를 다른 음성 언어로 통역하는 대부분의 통역인은 한국 수어를 잘 모른다. 설령 한국 수어를 어느 정도 한다고 해도 영어를 듣고 바로 한국 수어로 통역하기는 어렵다.

뇌에서 언어를 2번 통역하는 일이기에 영어와 한국 수어를 모두 유창하게 해야 동시통역이 가능하다. 일반적으로는 영어로 이야기하면 1차 통역자가 앉아서 한국어로 음성통역을 한다. 두 번째 통역자는 그 음성 언어를 듣고 한국 수어로 통역하는 것이다. 간단한 회화 정도일 때는 들은 순서대로 통역하면 되지만 강연하는 경우에는 많은 시간이 걸린다.

1차 통역자는 영어를 한국어로 통역하여 무선 마이크를 이용해 리시버를 사용하고 있는 2차 통역자에게 전달한다. 한국어로 전달받은 2차 통역자는 한국 수어로 통역해 준다. 청중은 2차 통역자의 리시버가 눈에 잘 띄지 않으면 영어를 듣고 직접 수어로 통역한다고 생각한다.

미국 농인이 미국 수어로 이야기하는 경우에는 1차 통역자가 영어로 통역을 해주고 2차 통역자는 이를 듣고 한국어로 통역하면 된다. 이 역시 간단한 회화일 때는 순차 통역이 가능하다. 강연의 경우 2차 통역자는 리시버를 통해 1차 통역을 듣고 재통역을 해야 한다. 각 나라 농인 대표들이 모인 회의에서는 이와 같은 통역을 하기는 어려워 국제 수어를 사용하기도 한다.

농인 지도자가 되기 위해서는 한국 수어와 한국어, 영어수어와 영어, 그리고 국제 수어를 사용할 수 있어야 외국 농인들과 수어로 교류하고 문서로도 기록한다.

20개 국가가 모여 한 강연을 들을 때는 단상에서 주최국 수어와 보통은 미국 수어로 한다. 그보다 낮은 단상에는 각 나라 수어 통역자들이 있다. 각 나라 농인은 자국어 수어를 보면 된다. 미국 수어를 이해할 수 있는 사람은 단상의 미국 수어를 보면 된다. 국제회의 때 영어를 알아듣는 청인은 자국어로 통역해주는 리시버없이 직접 듣는 것과 같다.

농인을 위한 통역은 수어뿐만 아니라 외국어를 잘하는 통역인도 필요하다. 또한 농인의 특성과 문화도 이해하여야 적절한 통역을 한다. 외국어 통역에 있어서 그 문화를 모르고 통역을 할 경우 오역을 할 수 있기 때문이다. 통역에 관한 책에서 '통역관은 반역자'라는 말이 시사하듯이 통역을 잘못하면 반역자가 될 수도 있다는 뜻이다.

이제 세계가 한 지구촌으로 세계의 문화와 문물이 홍수처럼 교류되고 있다. 자동번역기를 통해 외국어의 장벽도 많이 무너졌다. 그러나 농인들의 경우 자동 수어 통역 시스템은 아직 요원하다.

　우리나라는 외국의 농인에 관한 좋은 책을 한국어로 번역한 것도 많지 않다. 외국책을 농인들의 원어인 수어로 번역해 동영상으로 제공하는 영상 도서도 드물다. TV에서는 외국 이야기를 통역해서 방영하지만, 외국 농인 이야기를 통역 방송해 주는 경우는 본 일이 없다.

　농사회 역시 외국의 문화와 지식을 습득할 수 있게 전문적인 다양한 수어 통역이 필요하다. 또한 외국책을 우리의 수어와 문자로 번역하는 작업도 병행해야 한다.

<2018년 12월>

국제 수어

    인간은 원래 같은 언어를 사용했다. 성경에서는 바벨탑을 쌓은 일로 하나님이 한 언어에서 다양한 언어로 만들어 말이 통하지 않게 되자 인류는 곳곳으로 흩어지게 되었다고 한다. 민족이 다르더라도 언어가 같다면 소통에는 문제가 없다. 언어가 달라지면서 다양한 문화가 발생하고 언어와 관련하여 새로운 직업도 발생하게 된다. 최근에 국제회의 통역사는 전문 인력으로 지망생도 많은 편이다.

    농인의 경우는 어떠한가. 청인의 언어가 나라마다 다른 것처럼 농인도 대부분 나라는 각각 다른 수어를 구사한다. 언어는 있지만 수어가 없는 나라는 다른 나라의 수어를 사용하기도 한다.

    청인이 다른 언어권에서는 통역이 있는 것처럼 농인도 수어 통역을 통해서 외국 농인과 의사소통해야 한다. 양쪽 나라의 수어를 아는 사람이 전달해 주는 수어를 보고 전달받고자 하는 사람의 수어로 통역해 준다. 일반적으로는 수어 통역을 통해 의사소통하지만 국제 수어를 서로가 알고 있으면 통역 없이 의사소통이 가능하다.

    국제 수어의 이름은 제스처와 하나 됨을 의미하는 게스투노(Gestuno)이다. 에스페란토어가 국제어로 성장해온 과정과 비슷한 점이 많다. 에스페란토어가 국적이 없어 국가적 지원이 약한 것처럼 게스투노 역시 국적 없는 인공어이기 때문에 국가적인 힘이 필요할 때면 아쉬운 점이 있다. 미국 수어나 프랑스 수어 같은 국적 언어가 국제적으로 사용되는 경우도 많다.

국제적인 회의나 스포츠 교류에 있어서는 게스투노가 점차 자리 잡아가고 있는 추세이다. 더구나 게스투노는 농인이 국제적으로 활동하기 위해서 필요한 언어로 인식되고 있다.

국제 수어의 보급은 국제 사인 시스템의 표준화 필요성을 느낀 세계농아인연맹(WFD: World Federation of the Deaf)에 의해 이루어졌다. 세계농아인연맹은 1951년 9월 23일 이탈리아 로마에서 설립되었다. 농인의 완전한 접근성과 평등한 인권을 위해 활동한다. 농인에게 영향을 미치는 정책 결정에 농인들이 참여하지 못하는 장벽 등을 개선하고 있다.

1951년 제1차 세계농인대회 회의에서부터 국제 수어에 대한 논의를 시작했다. 수년 동안 서로 다른 언어 배경을 가진 대표자들이 모여 의사소통하면서 혼성 수어(Pidgin)를 개발했다. 1970년경에 언어를 배우기 쉽게 만들기 위해 다른 나라의 농인들이 일반적으로 사용하는 자연스럽고 쉬운 표시로서 되어 있는 ≪Gestuno≫를 출간했다. 1973년에는 세계농아인연맹 위원회가 표준화된 어휘를 발표했다.

한국에서는 2003년 12월 31일에 영국농인협회가 출판한 ≪Gestuno≫개정 증보판(1975년)을 중심으로 문화관광부와 한국농인협회가 공동으로 ≪농인의 국제수화≫를 발행했다. 강창욱, 김세경 두 분이 중심이 되어 번역했다. 한국표준수화규범 제정 추진위원회가 편집을 담당했다.

일본은 청력장애 신문편집부에서 번역과 편집을 추진하여 1975년 5월 1일 ≪Gestuno≫ 초판을 발행했다. 1988년 5월 15일에는 2판을 1990년 8월 1일에는 3판을 발행하는 등 국제 수어에 관심을 보였다. 서독은 1977년에 ≪Gestuno≫를 ≪Die Gebarden Gehorlosen, 농인의 몸짓≫으로 출간했다. 일본과 서독 등에 비해서 우리나라의 번역 출판이 늦었기 때문에 그만큼 국제 교류도 미루어졌던 것이다.

게스투노 훈련은 1977년 제5차 세계농인대회를 앞두고 덴마크 코펜하겐에서 처음으로 실시되었다. 구어口語는 어족이 같으면 중복된 언어가 많이 발견된다. 게스투노 수어도 다른 나라 수어와의 중복이 있으므로 때로는 쉽게 의미를 알 수 있기도 하다.

젊은 농인 세대들이 국제 수어는 물론이고 다른 외국 수어도 배워서 국제적 교류를 활발하게 하기를 바라는 마음이다. 아울러 문서로도 남겨야 하기에 영어 공부도 권하고 싶다.

<2021년 6월호>

수어 발전을 위한 제언

　요즈음 다양한 장소에서 수어로 발표하는 것을 볼 수 있다. TV 뉴스 정도는 수어 통역이 제공된다. 일부 TV 프로그램과 특정 케이블 TV에서도 편집자가 선정한 프로그램은 수어로 통역되기도 한다. 그러나 아직 충분하다고 이야기할 정도는 아니다. 예전에 비해 조금 나아졌을 뿐 답답함은 여전하다.

　농인은 수어 통역을 제공해 주면 자신들의 언어로 볼 수 있기는 하다. 수어 통역자의 자질에 따라 만족할 만한 방송과 강연도 있고 그렇지 못한 경우도 있다. 부족한 부분을 보완하기 위해 스크린에 자막을 넣어 통역하기도 한다. 자막으로 내용이 정확히 통역되는 듯 보이나 농인들은 출발어의 의미와 내용을 충분히 이해하지는 못한다. 농인들의 평균 국어 독해력이 국내외를 막론하고 청인들의 평균보다 낮기 때문이다.

　국어 독해력의 차이는 어떤 언어를 1차 언어로 사용하고 있느냐에 따라 다르다. 우리가 영어를 10년 이상 배웠다고는 하나 영어방송이나 영어 자막을 이해하는 능력을 평균으로 비교해보면 이해가 될 것이다. 예전에 비해 수어로 방송되는 빈도와 수어로 발표하는 여러 가지 행사 등이 늘어난 것은 사실이며 고무적인 일이다. 한 걸음 더 나아가 수어를 얼마나 아름답게 하고 정확히 하며 수어의 콘텐츠가 예전에 비해 얼마나 발전되었는지를 생각해야 한다.

영국에서 왕실 장학생을 선발할 때의 기준은 발음이 얼마나 정확한지나 영어를 얼마나 잘하는지가 아니라 '어떤 생각과 철학을 갖고 이야기 하는가'를 보는 것이다. 수어를 하는 사람이 수어를 얼마나 잘하는지도 중요하지만, 그 사람의 태도와 가치관이 어떤지와 수어를 통해 '얼마나 가치 있고 의미 있는 이야기 하는가'이다.

수어는 특히 존댓말 표현이 어려워 상하관계에서도 대개 같은 용어를 쓰게 되므로 존댓말을 하는지의 여부는 그 사람의 태도와 수어를 얼마나 공손하게 하느냐로 판단하게 된다.

영국이 스스로 대영제국이라 부르며 영문학을 자랑하고 셰익스피어를 인도와 바꾸지 않겠다고 호언한 것은 그들이 문화국가임을 내세우며 영어가 문학작품을 쓰는 데 귀한 도구임을 나타낸 것이다. 이제 우리나라도 수어가 언어임을 공포하는 일로 멈추어서는 안 된다. 농인들도 시와 소설을 쓰고 연극과 뮤지컬도 공연하며 농문화를 발전시켜 나가야 한다.

K-pop이 전 세계를 휩쓸고 한류가 해외에 퍼져나간 것처럼 우리 수어로 된 문화 콘텐츠가 외국과 어깨를 나란히 할 뛰어난 작품들이 많이 나오기를 기대한다. 이러한 일을 달성하기 위해서는 수어를 전문적으로 연구하는 기관이 필요하다. 수어로 된 작품들이 많이 발표되고 문화적 공감대가 형성되어야 한다. 영어의 원문으로 그 음률을 느끼며 시를 읊을 수 있는 묘미를 체험하면 그 언어가 주는 감흥과 정감을 온전히 이

해하고 감상하게 된다. 마찬가지로 수어를 이해해야 수어시에 공감하고 감동하게 될 것이다.

언젠가는 우리나라 어느 장소에서도 수어로 된 아름다운 시가 시연施演되고 수어시를 이해하고 감동하는 사람들이 많아지기를 바라는 마음이다. 더 나아가 이러한 문화를 공유하며 토론할 수 있는 분위기가 이루어지고 농인들의 문화 활동이 다양하게 펼쳐져야 한다.

우리의 수어는 물론이고 방송에 나오는 국어사용도 좀 더 순화되어 지나치게 자극적이지 않기를 바란다. 순화되지 않은 언어들이 청소년에게 미치는 영향이 얼마나 크며 무의식적으로 빈번하게 사용되고 있는지를 생각한다면 단어를 선택할 때 신중해야 할 것이다.

수어를 하나의 언어로 인정할 뿐만 아니라 공용어로 사용하고 있는 외국의 몇몇 나라들도 있다. 수어를 공용어로 사용하는 나라들은 농인과 청인이 서로 배려하며 살아가고 함께 정보를 공유하고자 하는 태도이다. 국어의 발전과 올바른 사용을 관장하는 국립국어원이 있듯이 농인들의 1차 언어인 수어를 연구하고 발전시키며 체계적으로 관리하는 국립수어원의 설립이 필요한 과제이다.

지난 6월 3일 농인의 날에 다양한 행사가 있었다. 내년에는 수어로 된 콘텐츠가 다양하게 제작되고 발전하여 농인의 문화가 꽃피는 날이 되기를 바란다.

<2019년 7월호>

3부
농인 가족과 교육 환경

농아동의 교육 환경

농아동은 태어날 때부터 소리를 못 듣거나 태아 때는 소리를 들었지만 출생 후에 듣지 못하는 경우도 있다. 처음부터 전혀 소리를 듣지 못하고 자라는 아동에게 소리에 대한 개념을 알려주기는 어렵다.

농아동은 집에서 손짓으로 자신의 의사표시를 하고 지낸다. 어느 날 옆집에 가보니 손짓은 하지 않고 금붕어가 물을 머금듯 입만 뻥끗 뻥끗 하면서 웃기도 하고 화를 내는 모습을 보면서 어리둥절한다.

농아동은 어떠한 환경에서 의사소통을 배우며 성장하는가?

선천적으로 소리를 듣지 못하고 태어난 농아동은 의사소통 방법을 습득하는 과정이 청아동과는 다르다. 농아동이 출생하여 부모로부터 수어를 배울 가능성은 거의 없다. 농아동은 농인 부모에게서 출산할 확률보다 청인 부모에게서 태어날 확률이 높기 때문이다.

청인 부모는 자신의 자녀가 청각장애로 태어날 것을 예상해서 미리 수어를 배우지는 않을 것이다. 청인 부모와 농자녀와의 만남은 의사소통이라는 관점에서 보면 보지 못하는 아동을 출산했을 때보다 복잡하고 어려운 점이 많다. 청인 부모는 청각장애를 지닌 자녀와 '어떻게 의사소통을 하는가'하는 문제보다는 '정말로 자신의 자녀가 못 듣는 것인가' 의심하며 여러 병원을 다닌다. 부모 나름대로 판단하기까지 헛된 시간이 지나간다. 이 시기가 길어지면 길어질수록 청인 부모와 농자녀가 의사소통을 제시기에 하지 못할 가능성은 커진다.

청인 부모는 농자녀가 못 듣는다는 것을 알고 나서는 제일 먼저 치료할 수 있는 방법에 매달린다. 말을 할 수 있는가에 대한 걱정이 앞서 의사소통해야 하는 적절한 시기와 조기교육의 시간도 놓칠 수 있다. '도리도리 짝짜꿍'의 시기와 '까꿍 까꿍'하며 소리에 반응하여 기초적인 언어 습득을 위한 준비의 기간인 옹알이의 시기가 그냥 넘어가게 되는 것이다.

확률적으로 농아동을 둔 청인 부모는 자녀의 장애를 늦게 인식하는 편이다. 뒤늦게야 비로소 장애 아동으로 받아들인다. 리처드 메드그노(Richard Medugno)가 쓴 ≪Deaf Daughter, Hearing Father≫는 농아동의 조기 진단과 교육에 관하여 농아동을 둔 청인 부모의 입장을 잘 보여준다. (사)영롱회에서 이 책을 ≪농인 딸아이를 키우는 아버지의 육아일기≫라는 책으로 번역 출간하였다.

농아동은 지능이 떨어진다고 생각하는 사람들도 있다. 기존의 지능검사에서 농아동은 청인이 사용하는 언어를 잘 이해하지 못하여 지능이 낮게 나올 수 있다. 정확한 진단을 하지 않은 상태에서는 농아동인 줄 모르고 지적장애 아동으로 생각하기도 한다. 청각장애와 지능 간에는 '어떠한 인과관계도 존재하지 않는다(Sistenhen & Rotatori, 1986)'는 연구 결과가 이미 여러 논문에서 발표된 바 있다.

언어로 말하는 시기가 되었을 때 언어의 발달은 선천성 농아동이나 언어 습득 전에 안 들리는 농아동은 일반 아동과는 다르다. 청각장애를 가진 어린 아동이 자신만의 사고를 발달시키고 언어를 습득하는 과정은 부모의 양육방식에 따라서도 영향을 받게 된다.

한때 언어를 습득할 수 있는 시기에 농아동의 구화 교육과 수어 교육에 대한 논란이 있었다. 1880년 이태리 밀라노에서 열린 농교육자회의에서 농아동에게 보다 완벽한 언어 지식을 주고 사회복귀를 위해서 '구화 교육법은 수어 교육법보다 우선되어야 한다'는 선언을 했다. 이후 급격히 수어 교육이 위축되고 구화 교육에 대한 관심이 커지게 되었다.

최근에는 인공와우 수술로 인하여 더욱 청음훈련을 통한 발성법을 강조하는 분위기이다. 이러한 결정은 농인 스스로가 내린 게 아니고 교육자나 부모에 의한 결정이다. 농아동은 성인이 된 후 농정체성으로 갈등을 겪거나 농사회 적응에 있어서도 어려움이 있을 수 있다.

우리나라에서도 2016년에 확정된 한국수화언어법(약칭:한국 수어법)으로 인하여 농인의 언어인 수어를 언어로 인정한다. 수어를 문화적·교육적으로 새롭게 활용하고 인식하는 운동도 전개하고 있다. 어린 농아동에게는 힘든 구화를 가르치는 것보다 보이는 소리인 수어를 가르치는 것이 사고와 언어발달에 유익하고 갈등이 없다.

구어口語나 묵자墨子(점자에 대응하는 말)의 학습은 2차 언어나 2중 언어로 습득하는 것이 자아 발전에 도움이 되고 농정체성의 확립에도 유리하다는 의견이 많다. 이러한 개념 정립에 확신이 없는 부모들은 조기 인공와우 수술을 선호하고 수어 교육을 받는 농아동들도 전에 비해 줄었다.

농아동 교육 현장에서는 농아동이 언어가 잘 발달되기 위해서는 추상적 개념을 이해하고 활발하게 사고하도록 적절한 교육이 필요하다. 무엇보다도 일찍부터 열정적이며 따뜻한 마음으로 농아동을 이해하는 교육자를 배치해야 한다. 가정에서도 농아동을 이해하고 사랑으로 보살펴야 하겠다.

농아동이 한 인격체로서 독립적으로 살아가고 자신의 꿈을 펼칠 수 있도록 교육 환경에 대한 기초가 잘 마련되어야 한다. 최근에 모든 직원과 교사가 수어로 교육하고 있는 조그만 대안학교에 관심이 커지고 있다.

<2017년 10월호>

'그러나' 하세요

청인에게 농인의 상태를 설명하기란 쉽지 않다. 청인은 소리 없는 세계의 환경과 문화에 노출된 적 없이 막연한 상상만으로 농인의 입장을 생각하게 된다. 우리가 맹인을 생각할 때 참 힘들겠구나 또는 불편하겠구나 혹은 답답하겠구나 하는 생각이 떠오르는 이유는 간접적인 체험이 있기 때문이다.

초등학교 때 소풍 가서 눈을 가리고 하는 놀이를 해 보았거나 어느 저녁 갑자기 정전이 되어 촛불을 켜놓고 잠시 지낸 경험도 있을 것이다. 볼 수 없다는 것이 어떤 상황에 놓이게 되며 일상적으로 하던 일들이 어떤 지장을 받는지 경험으로도 알게 되는 것이다.

청인은 못 듣는 상황이 과연 구체적으로 무엇을 의미하는지와 자신의 생활과 패턴에 어떤 영향을 주는지에 깊이 생각해 볼 기회가 거의 없다. 시끄럽게 소음이 들리는 장소에 있거나 누군가가 너무 떠들 때는 잠시 소리가 없는 상황을 원하기는 한다. 소리 없는 상황이 계속되면 과연 어떻게 지낼 수 있는가를 자신과 관련해서 직접적으로 체험하지는 못했다. 청인의 입장에서는 잠시가 아닌 일생을 소리 없는 조건에서 지내야 하는 농인을 이해하기가 어려울 수밖에 없다.

청인들은 대부분이 '농인은 볼 수 있으니 글은 읽을 수 있는 것 아닌가?' 또는 '글로 쓰면 될 것 아닌가?'하고 말하기도 한다. 농인에게 있어 '한국어는 외국어와 같다'는 이야기를 수차례 해도 진정한 의미를 모르거나 실제로 청인의 언어와 어떻게 다른지를 실감하지 못한다.

농학생도 초등학교부터 고3까지 국어 시간이 있다. 그러나 농학생은 소리를 못 듣기 때문에 소리가 있는 국어 글자를 쓰기가 어렵다. 소리 나는 대로 듣고서 글을 쓰는 청인과 소리를 듣지 못하고 글자를 외워서 쓰는 농인은 글자의 개념이 다르다. 농인에게 소리가 주는 음률이나 뉘앙스를 알게 하려면 색깔을 보지 못하는 사람에게 그 색깔의 특성을 설명하는 것과 같다.

청아동은 소리가 있는 단어로 그 물체나 개념에 대해 정리하고 자란다. 농아동은 모든 단어에서 소리가 없고 보이는 것으로만 그 개념을 세운다. 농아동은 소리로 된 문화를 접하지 못하므로 청아동과는 문화적인 차이를 보이게 된다. 서로 다른 문화권의 개념을 인지해야만 문화가 다르다는 것을 이해할 수 있는 것이다.

'뒤집는다'는 것에 대한 단어를 아직 배우지 못한 농아동의 의사표시를 예로 들어보자. 어린 농아동이 엄마와 부엌에서 부침개를 부치다가 타는 것을 보고 엄마에게 '그러나 하세요'라고 한다면 이해가 안 될 것이다. 수어로 '그러나'동작은 손바닥을 뒤집는 모양이다. 어린 농아동이 아직 '뒤집다'인 수어는 모르고 같은 뜻으로 수어의 '그러나'로 표현하는 것이다. 어눌한 발음으로 어머니에게 하는 말, 그것이 '그-러-나'인 것이다. 농아동의 생각으로 지금 타고 있는 부침개를 '그러나'하면 타지 않을 텐데 하며 어머니에게 이야기하는 모습이다.

이와 같은 예는 미국의 경우도 마찬가지이다. 기찻길 건널목의 차단기가 내려와 기차가 지나가고 차단기가 올라가기만을 기다리면서 승용차에 타고 있는 부자의 대화를 보자.

어린 농아동이 기차가 지나가고도 빨리 차단기가 올라가지 않는 것을 보고는 운전하는 아빠에게 'but, 하세요. b-u-t'하고 소리치고 있다. 미국 수화로 'b-u-t'은 양쪽 인지를 포개어 X자 모양으로 하였다가 차단기가 올라가듯이 위로 제치는 동작을 한다. 기차가 다 지나간 다음에 차단기가 올라가는 모습과 너무나 흡사하다. '차단기를 올리세요'라는 수어를 할 수 없는 농아동이 그 뜻을 표현하는 수어 용어인 것이다.

국어의 '뒤집다'라는 단어를 모르는 어린 농아동이 수어인 '그러나'를 가지고 '뒤집는다'는 뜻을 나타내는 것과 비슷한 상황이다.

소리가 들어있는 단어(기차/칙칙폭폭, 자동차/빵빵, 종/딸랑, 등등)에 있어서도 농인과 청인은 단어의 개념이 다르다. 청인은 졸졸 흐르는 시냇물에서 물소리를 생각하지만 농인은 소리 없는 고요한 시냇물을 연상하게 된다.

'오케스트라'라는 단어를 농인과 청인은 어떻게 생각할 것인가. 농인도 오케스트라가 많은 악기를 다루는 사람들이 모여 음악을 연주하는 것으로 이해한다. 오케스트라가 모여 어떤 소리를 어떠한 수준으로 연주하는지 설명하려면 들리지 않는 상태에서는 불가능하다.

청인도 오케스트라의 구성원이 어떤지 누가 지휘하고 작곡했는지는 외워서도 알 수는 있다. 그러나 음악을 많이 들어 귀가 열리고 어느 정도의 수준이 되어야 음악을 만든 작곡가의 의도대로 이해하고 감상하게 되는 것과 같다.

아는 만큼 보이는 것과 마찬가지로 아는 만큼 들리는 것이다. 음악을 이해하는 것도 사람마다 차이가 있다. 들리지 않는 상황에서 들리는 것을 이해하는 것이나 보이지 않는 상황에서 보이는 물체를 이해하는 것은 어려울 수밖에 없을 것이다.

청각장애와 시각장애를 가진 헬렌 켈러는 소리를 들을 수 없는 것이 보지 못하는 것보다 더 안 좋다고 말한 바 있다. 볼 수 없다는 것은 자신을 사물과 떼어놓지만 들을 수 없는 것은 사람들과 떼어놓기 때문이라고 했다.

독자들이 오늘 집에서 TV를 무음으로 해서 보는 것과 화면을 보지 않고 소리만 듣는 것을 경험해 보기를 권한다. 앞으로 우리 사회가 진정으로 농인을 이해하고 나아가 한 걸음씩이라도 농문화가 발전되도록 관심 있게 지켜보았으면 한다.

<2017년 11월호>

농자녀와 청인 부모

농자녀를 둔 청인 부모는 농자녀에 대하여 얼마나 관심을 두고 있는 가? 이런 질문을 해도 되는지 조금은 고민스럽다. 자신의 자녀에 대해 관심을 두지 않는 부모는 세상에 없을 것이기 때문이다. 하지만 농아동 이 어느 정도 성장한 이후에도 지속적인 관심을 두고 필요를 채워주는 지는 모르겠다.

청인 부모는 태어난 자녀가 청각에 이상이 있는지를 확인하고는 원 인을 찾아 보려 애쓴다. 앞으로 교육은 어떻게 할 것이며 장래는 어떻게 설계해야 할지 등 고민하게 된다. 자녀가 못 듣는다는 것을 알게 되면 당혹스럽지만 관심도 그만큼 커지게 된다. 청각장애로 판정이 되면 더 욱더 아동의 인성과 교육 등에 노력을 기울이게 되는 것이다.

청인 부모는 농자녀와 정감 어린 정서와 사랑을 나눌 수 있는 편안 하고 갈등 없는 의사소통이 안되어 안타까운 마음으로 자녀를 돌보게 된다. 자녀가 농아동이기에 더욱 배려를 해주고 싶어도 언어가 달라서 의사소통이 안되므로 마음껏 해줄 수가 없는 것이다.

세상은 의사소통을 통해 가장 작은 무리인 소수 민족부터 큰 나라에 이르기까지 많은 민족을 이루며 살아간다. 부모와 자식이 다른 언어권에서 함께 살고 있는 경우는 농아동과 청부모 또는 청아동과 농부모를 제외하고는 없다.

시각장애인은 부모와 자식 간에 듣는 언어 즉 음성 언어를 같은 말로 구사한다. 농인은 청인과 함께 살아도 언어가 서로 다른 문화권에 있다. 듣지 못하는 농자녀는 보이는 언어로, 청인 부모는 듣는 언어 즉 청각 언어를 구사하기 때문이다.

일반적으로 청인 부모의 언어가 각기 달라도 청인 자녀는 각각 다른 부모의 두 언어를 모두 배우고 부모와의 의사소통에 거의 불편이 없다. 국제결혼을 한 부모의 자녀들은 이중 언어를 구사하게 된다.

농자녀의 경우는 이와는 다르다. 유치원 아니면 더 늦게는 초등학교에 들어가서야 제대로 된 수어를 배울 수 있는 기회가 생긴다. 왜냐하면 농아동이 부모로부터 수어를 배울 수 있는 확률은 제로에 가깝기 때문이다. 어느 부모가 농아동으로 태어날 자녀를 위하여 수어를 배웠겠는가. 농아동이 태어났다고 해서 수어를 열심히 배워 자신의 자녀와 소통하는 부모도 많지 않다.

대부분의 농아동은 부모와 정감 어린 대화를 나누며 성장하기가 어려운 환경이다. 부모가 수어를 조금 안다고 할지라도 어느 정도는 가능하지만 능통하게 모국어 수준으로 하는 것은 아니다. 대부분의 농자녀와 청인 부모 사이의 언어 소통은 제한될 수밖에 없다. 게다가 청인 부모와 농자녀간에 의사소통이 안되어 정감 어린 대화와 정서를 나누기도 어려운 것이다.

농자녀를 둔 청인 부모 중에는 불편한 마음으로 위축되기도 한다.

농자녀가 대중 앞에 나서는 것을 꺼릴 수도 있다. 옛날에 비하면 우리 사회가 장애인을 대하는 태도도 많이 달라졌다. 장애인에게 관심이 높아졌으며 배려해 준다. 그러나 가끔 돌발적인 엉뚱한 상황이 벌어져 어린 농아동과 청인 부모의 마음에 상처가 되기도 한다.

아동기의 정서적 충격은 인격 형성에 영향을 줄 수 있다. 농아동이 어린 시절의 어려움을 이겨내고 성장해서 오히려 이러한 경험이 어려운 일이 닥쳤을 때 해결해 나가는 힘이 되기도 한다. 간혹 농아동이 어린 시절 콤플렉스를 극복하지 못하여 성인이 되어서도 유사한 일에 처했을 때 콤플렉스가 과민하게 나타날 수도 있다.

아동의 성장기에 정체성 형성의 대표적인 모델은 부모이다. 부모와 자녀 간에 다정다감한 유대감이 있어야 한다. 부모는 자녀에게 부모로서의 역할을 충실히 한다고 해도 부모 역할을 만족스럽게 했다고 자부하는 사람은 많지 않을 것이다.

나이 드신 부모에게서 '이제 자녀를 다시 키우라고 하면 잘 키워볼 텐데….'라는 이야기를 듣는다. 자녀가 얼마나 귀한 존재인지를 모르고 길렀기에 손자 손녀를 보면 더욱 귀여워하게 되는 것 같다. 마찬가지로 부모가 돌아가시고 난 후 자녀는 '부모님이 지금 생존해 계신다면 더 잘 모실 텐데….'라며 후회하기도 한다.

부모·자식 간에 '다른 언어와 매체로 이야기한다'는 사실을 생각해 본 독자는 별로 없을 것이다. 청각장애인이 유독 다른 장애와 다른 이유 중에 하나는 그들이 쓰는 언어와 매체가 청인들과 다르다는 데 있다. 이는 가족과 문화 및 사회와 교육 그리고 직업 등 전반적인 분야에서도 독특하다. 접해보지 않고는 쉽게 이해하기 어렵다.

농인들 나름대로 갖고 있는 문화와 유대관계는 하나의 민족과도 같은 결속력과 동질성으로 그들의 정체성을 형성하는 것이다.

우리는 외국 여행을 하면서 의사소통이 안 되어 어려움을 겪다가 초면이지만 한국인을 만나면 기뻤던 경험이 있다. 농인들은 청인 부모형제가 있을지라도 농인 친구와 만나면 밤새도록 이야기 나누기도 한다. 청인 부모는 농자녀가 성장해가는 과정에서 변함없는 관심으로 소리 없는 세상에서 의사소통의 어려움이 있음을 이해해 주어야 한다.

한국은 특수교육과 내에 청각장애 전공으로, 미국은 의사소통장애과(communication disorder department)로 표시한다. 개념이 다른 접근 방법으로 이는 우리에게 시사하는 바가 크다.

<2017년 12월호>

청자녀와 농인 부모

청자녀를 둔 농인 부모 역시 자녀와의 관계에서 제일 문제되는 것이 의사소통이다. 아동이 언어를 배우기 전에 부모는 촉각으로 아기를 토닥여주고 안아주고 업어주는 신체 접촉을 통해 깊은 유대관계를 맺는다.

자세히 들여다보면 단순한 신체 접촉뿐이 아니다. 엄마는 아기를 안고서 이야기하듯 말을 건다. 아기를 안을 때는 '아이! 예뻐라!' '닮았네.' 이웃에서도 '잘 생겼네!' '아이! 귀여워라!' 등등 이야기한다. 아기를 재울 때도 등에 업고서 토닥토닥하고 '우리 아기 잘도 잔다.' '자장자장 우리 아기~'하며 흥얼거린다. 발을 이쪽저쪽 만져주고 가볍게 흔들어 주기도 한다.

모자지간은 신체 접촉뿐만 아니라, 말을 알아듣든 못 알아듣든 간에 지속적으로 리듬 있는 소리로 청각을 자극하여 의사소통한다. '까꿍 까꿍, 곤지곤지, 잼잼, 도리도리' 같은 말을 수없이 반복하여 아기가 말을 하기 전에 이미 말을 알아듣고 반응한다. 이런 과정 후에 아기는 옹알이 하며 '엄마' 소리를 한다.

농인 부모에게서 태어난 청자녀의 경우는 어떠한가?

농인 부모도 자신의 아이를 향해 어눌한 소리로 이런저런 이야기를 하지만 청아동은 농인 부모의 불분명한 발음으로 무슨 말인지 정확하게 이해하기는 어렵다. 반면 청아동이 음성으로 하는 표현을 농인 부모도 이해하기가 힘들다. 농인 부모가 안 들리는 상태에서 들리는 아이를 향해 급할 때는 손짓이나 수어로 이야기한다. 들리는 아이가 처음에는 무슨 뜻인지 이해하지 못하지만 점차 수어의 뜻을 알아차리고는 자신도 수어를 사용하기 시작한다.

말을 배우기 위해서는 소리를 들려주고 반복해 주는 대상자가 있어야 한다. 주변에 조부모나 형제자매 및 친지 등이 있으면 쉽게 배울 수가 있을 것이다. 첫째로 태어난 아이에게는 주변 사람들의 도움이 더욱 필요하다.

농인 부모와 청자녀 간의 가장 큰 문제도 의사소통이다. 청자녀는 충분한 나이가 되어 개념적으로 이해하기 전까지는 부모가 알아듣지 못한다는 사실에 대해 복잡한 생각이 들 수 있다. 이와 유사하게 농자녀는 의사표시를 손짓으로 하는데 반해 청인 부모는 가만히 서서 입술만을 움직여 반응하는 모습을 보게 된다. 그러나 그 소리가 어떤 것인가를 이해하기는 어렵다. 아무리 소리를 질러도 아무런 반응이 없는 농인 부모를 둔 청자녀가 부모는 잘 안 들리기 때문이라고 깊이 이해할 수도 없다.

농인 부모는 자신은 안 들리는데 잘 듣고 행동하는 청자녀가 대견스럽다. 농인 부모는 듣지 못하기 때문에 자신의 어눌한 목소리를 청자녀가 어떻게 받아들이는지를 알 수 없다. 청자녀도 농인 부모의 불확실한 음성이 왜 그런지를 편안하게 이해하기까지는 오랜 시간이 필요하다. 청자녀는 말을 하기 시작하면서 주위의 청인가족 및 친척 등으로부터 말을 배우기도 하고 텔레비전이나 스마트폰을 많이 보며 소리나는 장난감을 좋아하게 된다.

지금은 옛날과는 많이 달라지긴 했지만 공부한 자녀가 부모를 무시하는 일이 간혹 발생하기도 하였다. 이는 농인 사회든 청인 사회든 마찬가지이다. 농인 부모는 이러한 일을 겪으면 '자신이 듣지 못하기 때문인가'라는 생각이 들 수 있다.

농인 부모를 둔 청자녀들이 농인 사회에서 농인을 위해 활동하는 경우는 드문 편이다. 오히려 청인 부모를 둔 일반인들의 활동이 농인 사회에 더 많다. 청자녀들의 소극적인 자세는 농인 부모에 대한 문제를 다른 이들에게 맡기는 행동일 수도 있다.

우리 사회도 이러한 현상의 원인은 무엇인지 주시해야 한다. 농인 부모를 둔 청자녀는 성장하여 수어도 구사하지만 농인 사회를 잘 이해할 수 있다. 사회에서 활동하는 청자녀들이 어려서부터 경험한 농사회의 어려운 점들을 해결하려고 노력하고 농사회의 발전을 위해 적극적으로 활동하기를 기대한다.

<2018년 1월호>

가족의 일원인 농아동

　청인 부모는 가정에서 농자녀를 양육하면서 갈등을 겪을 수 있다. 농자녀 입장에서 보면 청인 부모는 자신을 가장 잘 이해하고 청인으로 만나볼 수 있는 거의 유일한 대상이다. 각 부모마다 자녀를 기르는 방법이나 태도는 다를 수 있다.

　가족들은 집안에서 못 듣는 자녀를 배려해서 보살펴준다. 농아동은 아직 다른 사람과 비교할 수 없으므로 집안에서 자신을 보살펴주는 환경이 당연한 것으로 안다. 농아동이 집 밖으로 나서게 되면 일반인들이 자신을 대하는 태도는 집과는 다르다는 것을 느낀다.

　농아동은 자신에게 들리지는 않지만 청아동들이 어떤 주문 같은 것으로 깔깔대고 웃으며 놀기도 하고 뒤에 있는 사람에게도 어떤 지시를 하는 것을 본다. 못 듣는 사회와 듣는 사회의 차이를 알게 되면서 한동안 힘들게 보낼 수도 있다. 가족이나 주위에서 농아동 혼자만이 이러한 상황에 있지 않다는 것을 알려주어야 할 것이다.

　또한 농아동에게 듣지는 못해도 소리가 지닌 특성을 상세하고 끈기 있게 설명해 주어야 한다. 한 농인 교수는 어렸을 때 듣지 못하는 자신을 청인 아버지가 데리고 철길에 가서 레일 위에 귀를 대게 하고 기차가

저쪽에서 올 때의 느낌을 익히게 해 주었다고 한다. 기차 바퀴의 진동과 요란한 소리를 어려서부터 체험하고 기차의 '칙칙폭폭'이 뜻하는 개념을 익혔다.

이런 체험을 못한 농아동에게 기차는 무쇠 바퀴 달린 묵직한 덩어리가 철길을 따라 휙 소리 없이 지나가는 것일 뿐이다. 소리를 포함한 기차 개념과 소리 없는 무성영화로서의 기차 개념은 다르다.

농아동은 물질명사는 수어로 쉽게 배운다. 추상명사를 수어와 대응시켜 개념을 이해시키려면 많은 시간이 걸린다. 장난감 자동차를 보여주면서 자동차란 말의 수어 표현을 알려주면 자동차와 수어의 일대일 대응 개념을 갖는다. 후에 자동차를 의미하는 수어를 하면 자동차라고 이해한다.

초등학교 저학년은 예를 들어 '배반'이라는 추상적인 단어를 수어로 설명해 주어도 일대일로 대응해서 개념을 이해하지는 못한다. 청인 부모는 농아동에게 일찍부터 단어의 개념을 올바로 알도록 다양한 체험을 하게 해주어야 한다. 단어의 개념을 이해해야 언어와 사고능력도 발달하기 때문이다.

어린아이가 세상에 태어나 살아간다는 것은 어머니 자궁 안에 있을 때와는 달리 다른 세상에 점차 적응해 가는 것이다. 어머니 배 속에 있을 때는 온도와 습도 및 영양 섭취와 대소변 문제까지 자동으로 해결된다. 아이는 세상에 나오는 순간 모든 것이 바뀌므로 주어진 환경에 적응하며 살아가야 한다.

선천성 농아동은 부모와의 의사소통 문제가 대두되기 전부터 일반

아동과 다른 면을 나타낸다. 일반 아동은 갓난아이 때에 startle reaction 이라는 놀람반응을 보인다. 어떤 소리가 나면 깜짝깜짝 놀라는 양상이다. 고개를 가누기 시작하면 소리 나는 쪽으로 고개를 돌리기 시작한다. 농아동은 소리가 안 들리기 때문에 주변 소리에 대한 반응이 없다.

농아동은 부모가 하는 말을 알아듣지도 못한다. 자신을 어르거나 '엄마, 엄마'하며 따라 해 보라고 해도 하지 못한다. 농아동은 다른 사람들이 입술을 움직이면 어떤 행동은 시작되거나 멈춰지기도 하고 여러 가지 일들이 일어나지만 자신은 이해가 안 된다고 느낀다.

농아동은 소리로서가 아닌 다른 방법을 통해야만 하므로 부모와의 소통조차도 어렵다. 부모는 소리에 별로 반응하지 않는 아동을 보고 '점차 나아지겠지'하고 미루기가 쉽다. 여러 병원에 다니며 결국 소리를 못 듣는다는 것을 알게 된다. 청인 부모는 착잡한 심정으로 아이에게 말을 가르치는 구화 교육을 해야 하는지 수어를 사용하는 학교에 보내야 하는지와 인공와우 수술에 대해서도 고민한다.

농아동이 어려서부터 수어를 쉽게 접할 수 있는 환경이면 수어를 빨리 배우게 되고 농인으로서의 주체성을 가지고 자란다. 구화 교육을 받는 아동은 보청기를 착용하기도 한다. 인공와우 수술을 하게 되면 청능 훈련을 받고 발성법을 배우며 구화 교육에 집중한다. 인공와우 수술을 선호하면서 수어를 집중적으로 가르치는 학교는 학생 수가 줄었다.

청인 부모가 농자녀의 아동기에 인공와우 수술을 해주게 되면 농아동이 장래 사용하는 언어 선택을 자신의 정체성이 확립되기 전에 결정하는 것이다.

학자들은 농아동이 성인이 되었을 때 어떠한 언어를 사용하는지에 따라 자신의 정체성을 어떻게 생각하는지에 대해 각기 다른 의견을 제시한다. 농자녀를 양육하면서 겪게 되는 어려움이 많지만 무엇보다 농아동을 가족의 일원으로 따뜻하게 받아들이는지가 중요하다.

<2018년 3월호>

농인 대학교육

우리나라는 자녀 교육열이 높은 나라이다. 농자녀를 둔 부모들도 대학까지 보내려고 애쓰기는 마찬가지이다. 한때 우리나라에서는 장애가 있다고 하여 대학에서 입학을 거부한 사례도 있고 사회문제가 되기도 했다. 지금은 상황이 다소 나아지기는 했지만 만족할 만한 수준은 아닌 것 같다.

예전에는 지체부자유 학생들이 대학입시 필기에는 합격했으나 면접에서 떨어지는 일이 종종 있었다. 1974년에 경북대 치의예과에서 소아마비로 왼쪽 다리가 조금 불편한 학생을 불합격시켰다. 1977년에는 서울대학교 응용미술학과에 지원한 농학생이 듣지 못한다는 이유로 탈락하였다. 장애 학생이 대학 입학하기가 어려운 시절이었다.

미국의 갈로뎃 대학(Gallaudet College)은 1864년에 미국의회에서 인준하고 에이브러햄 링컨 대통령이 의회법안에 서명하여 농인들에게 학위를 수여하도록 인정받았다. 그 후 1869년 3명의 농인이 첫 학사학위를 받고 졸업하였다.

현재는 150년 이상의 유수한 역사를 가진 대학교(Gallaudet University)로 성장했다. 이 대학은 설립자인 갈로뎃(Gallaudet) 목사의 이름으로 명명되었다. 율리시스 S. 그랜트(Ulysses S. Grant) 대통령은 1869년부터 1877년까지 갈로뎃 대학 졸업장에 서명해 주었다.

갈로뎃 대학교는 농인을 대상으로 한 최고의 교육 및 연구 기관이다. 오랜 역사 속에서 국가와 사회에 영향을 주고 업적을 남긴 많은 지도자와 혁신가를 양성했다. 대학교 캠퍼스에서는 자국어인 수어로 마음껏 이야기하고 강의 들을 수 있다.

미국은 에이브러햄 링컨 대통령이 의회가 제출한 갈로뎃 헌장에 서명했을 당시에 시각 학습과 시각언어 및 사회정의 분야에도 관심을 보였다. 농인과 난청인 등을 위한 모든 권리에 대하여 새로운 이정표도 제시했다. 일찍이 농인의 삶을 발전시키고 균등한 기회를 주기 위해서는 '고등교육이 중요하다'라는 사실을 깨달았던 것이다.

갈로뎃 대학교는 농인 및 수어 사용에 대한 지식의 근본을 이룬다. 농인들의 역사와 업적 그리고 영감을 얻는 허브 역할도 한다. 농인 및 난청 학생을 위한 교육 및 경력 개발 분야에서도 세계적인 수준이다. 농인 개인뿐 아니라 농인 전문직 종사자를 위한 연구 및 관련 서비스 분야에서도 지속적으로 학생들을 준비시키고 있다.

21,000명 이상의 졸업생은 사회에 나아가 농인 및 난청인의 삶을 지역적으로는 물론 세계적으로도 개선해 주는 데 기여하고 있다. 최근에 갈로뎃대학교는 국제 연구 및 봉사의 영역에서도 주요 목표에 따른 의사 결정 로드맵도 제공한다. 그 계획을 크게 발전시켜 나가면서 미래의 학생들을 위한 우수한 대학으로써 노력하고 있다.

우리나라도 장애로 인해 또는 들리지 않는다고 해서 대학 입학을 거절당한 시절은 지나갔다. 실상은 입학해도 농인은 적절한 수어 통역을 제공해주지 않으면 강의를 충분히 이해하기 어렵다. 수어 통역을 제공해주는 대학에서부터 본인에게 모든 것을 맡기는 대학에 이르기까지 수업의 양상에도 차이가 크다.

어떤 대학에서는 수어 통역보다는 강의 내용 그대로를 컴퓨터 자막으로 제공해주기도 한다. 이 경우는 자원봉사자가 노트 필기를 도와주고 강의 내용을 알려줄 수 있어 다행이기는 하다. 반면에 강의하는 교수의 얼굴을 제대로 보지 못하기 때문에 요즈음은 대형 모니터를 칠판 옆에 설치해 교수의 표정도 같이 볼 수 있게 제공해주는 대학도 있다.

수어 통역사가 통역해주면 실시간 자국어로 강의를 들을 수 있다는 장점이 있다. 이때의 문제는 수어 통역사의 통역 능력이다. 대학 또는 대학원 강의 내용을 충분히 본인이 이해하고 그 어휘를 알아들을 수 있는 실력이 되어야 적절한 수어 통역이 가능하기 때문이다. 회사에서 통역을 아무리 잘했어도 대학에서 통역하는 것과는 다른 일이다. 각 전문 분야의 통역사 양성은 농인 교육을 위해 필요한 과제이다.

통역과 필기를 제공해주는 대학도 있기는 하다. 몇몇 대학을 제외하고는 대학에 입학한 농인은 등록금 외에 통역에 대한 부담이 크다. 적절한 통역을 받지 못하고 친구의 노트필기를 빌려 의존하기 쉬우므로 양질의 교육을 받을 수 있는 여건이 청인에 비해 부족한 것이다.

이러한 상황에서도 국내에서는 오영준, 이주애, 안영회 박사와 해외에서는 한국인으로서 조경건, 이종민, 황창호 박사가 배출되었다. 조경건 박사는 미국인과 결혼하여 국적이 미국으로 바뀌었다. 한국인으로서 최초로 박사학위를 받았고 미국 갈로뎃 대학교에서 후학들을 양성한 후 은퇴했다.

한국의 많은 대학교에서 영어 강의가 한때 유행했다. 유학을 가지 않고도 영어로 강의를 들을 수 있지만, 한국어로 듣는 것처럼 이해가 잘 될는지는 모르겠다. 이와 마찬가지로 농인의 입장에서 보면 자신의 모국어인 수어로 강의받는 것과 통역을 통한 강의에는 차이가 있다.

인간이 성장하기 위해서는 다양한 요소가 관계되지만 교육만큼 중요한 것이 없다. 농인들도 가정교육에서부터 학교 교육 이후에도 좋은 프로그램으로 평생교육이 필요하다.

우리 사회가 부모와 자식 간의 언어가 다른 환경에서 출발하는 농인을 이해하고 배려하기를 바란다. 농인들이 소통의 어려움을 이기고 밝은 미래를 개척하도록 교육 환경에서도 다양한 기반을 제공해야 한다.

<2018년 5월호>

방글라데시 통기 농아학교

필자가 방글라데시에 가게 된 계기는 방글라데시 통기에 파송된 조상희 선교사 덕분이다. 조상희 선교사는 중도실청되어 농인이다.

1990년 2월 영락 농인 교회에서 파송 예배 후 통기에 정착한 조상희 선교사는 초등학생들을 교육하는 조그만 농아학교를 현지 NGO 단체인 'Friend of Bangladesh' 내에 설립하여 현재까지 운영하고 있다. '통기 농아학교'는 외국인이 많이 찾아오는 학교로 이슬람 종교가 대부분인 방글라데시에서 기독교인이 운영하는 유일한 미션스쿨이다.

방글라데시는 동파키스탄에 속해 있다가 1971년 독립한 국가로 대부분 이슬람교도(86.6%)이며 기독교인은 0.4%에 불과하다. 언어는 98% 정도가 벵골어를 사용하고 있으며 소수민족 언어도 있다.

중상류층은 영어를 제2외국어로 교육받고 있다. 방글라데시에서 영어로 이야기하면 의사소통은 가능하나 일반 대중들과는 벵골어를 사용하여야 쉽게 대화할 수 있다.

필자가 방글라데시 농인을 만나 이야기하면 조상희 선교사가 벵골어 수어로 농인에게 전달해 주고 상대방이 벵골어 수어로 이야기하면 한국 수어로 통역해 준다. 필자가 한국 수어로 이야기하면 벵골어 수어로 통역하는 절차를 거쳐서 겨우 소통이 되었다.

방글라데시 청인을 만나면 영어로 대화할 수는 있다. 영어가 통하지 않을 때는 상대방이 벵골어로 이야기하면 조상희 선교사가 상대방의 입술을 보고 하는 독순讀脣으로 필자에게 한국어나 한국 수어로 통역했다. 필자가 다시 한국 수어로 이야기하면 조상희 선교사가 벵골어로 상대방에게 통역해 주었다.

몇 차례 방글라데시에 가면서 방글라데시 농인협회를 방문할 기회가 있었다. 처음에는 네팔에 가는 중간에 방글라데시에 3일간 체류했다. 그 후에는 방글라데시에 갈 때마다 농인협회와 통기 농아학교를 방문했다. 방글라데시 농인협회를 처음 방문했을 때는 협회 건물이 생각보다 크고 허술하게 관리된다는 느낌이 들었다.

건물 전체를 협회가 사용하는 것은 아니었지만 건물의 사무실을 부분적으로 인쇄소 등에 임대하여 그 수익으로 협회 운영비의 일부를 감당하고 있었다. 방글라데시 농인협회 회장과 임원들과 함께 사진도 찍고 담소도 나누었다. 젊은 임원은 영어를 잘했다.

방글라데시 농인협회를 두 번째 방문했을 때는 안면이 있다고 반가워했다. 당시에 조상희 선교사가 수어책을 만든다고 하여 방글라데시 농인협회와 재활협회가 긴장하고 있는 태도를 보였다.

외국인이 와서 자국의 수어책을 먼저 만든다는 것이 자존심 상하는 일이 될 수 있기 때문이다. 급히 그들도 수어책을 만들기 시작하여 1994년 수어책을 발간했다.

통기 농아학교의 수업은 자유스러운 분위기였다. 현지에서의 소문은 농아동을 통기 농아학교에 보내면 말을 한다고 소문이 났다. 엄격한 이슬람 가정에서도 농자녀를 한두 명씩 농학교에 보내기 시작해 이제는 유명한 학교가 되었다. 물론 구화 교육만 하는 것은 아니다. 수어로도 교육하며 발성 시간이 있어서 따로 말하기를 배우고 있다.

수업의 마지막은 수어 주기도문으로 끝난다. 이슬람 국가에서 어린 학생들이 기독교적 신앙을 가질 수 있는 계기를 만들어주었다. 이제는 조상희 선교사의 연세가 70이 넘어 정식으로는 은퇴했다. 통기 농아학교에서 개인적으로 학교 교장으로 봉사한다. 개인적 후원과 사단법인 영롱회 등 몇 개 단체가 학교 운영을 위해 후원하고 있다.

방글라데시는 행복지수가 높은 나라이다. 자신의 처한 상황에 대해 긍정적이고 낙관적인 태도를 가진다. 무한한 가능성을 보이는 나라이기도 하다. 이제는 경제적으로도 예전보다 많이 나아졌다. 방글라데시 통기 농아학교에 대한 인상과 농인 학생들의 맑은 눈동자는 다녀올 때마다 마음에 남는다.

<2019년 2월호>

농학생의 장래

듣지 못하는 아기가 태어났을 때 잘 듣지 못한다는 것을 알게 되기까지 걸리는 기간은 가정마다 다소 차이가 있다. 부모는 태어난 아기를 당연히 잘 듣는 아이로 생각하기 때문에 '못 듣는다'라는 사실을 알기가 어렵다. 알게 된 후에도 '혹시 일시적인 것이 아닌가?' 또는 '오진이 아닌가?'하는 생각으로 여러 병원에 다니면서 확인하게 된다.

아이의 청력 손실도에 따라 보청기를 하면 조금 들을 수 있는 경우도 있다. 내이가 건강한 상태이면 인공와우 수술을 하여 소리를 들을 수 있는 상태가 되기도 한다. 부모는 아이가 소리를 조금이라도 들을 수 있으면 보청기나 수술해서 소리를 접하며 살아가고 말을 배워 이야기하며 지내기를 원한다.

소리가 충분히 들리지 않는 아동 중 일부는 보청기 착용이나 수술로 소리를 어느 정도 듣게 되고 구화 교육을 받는다. 발성을 배우고 상대방의 입술을 읽는 훈련을 해서 학업을 계속하고 수어 교육은 받지 않는다. 구화 교육을 받아서 독순을 하는 농인과 의사소통할 때는 거리가 너무 멀거나 소리가 들리는 줄 알고 고개를 돌리든지 하면 전혀 입술을 읽을 수 없어서 의사소통이 안 되므로 유의해야 한다.

예전에는 사립 구화학교를 다니려면 비싼 수업료를 내야 했다. 이제는 의무교육으로 부모들의 경제적 부담은 줄어든 편이다. 한편 구화학교나 일반 농학교도 입학생이 줄어 학교 운영이 어려운 것 같다. 출산율이 떨어져 입학 지원자도 줄기는 했다. 어려운 상황이지만 청각장애 학생들에 대한 전문적 교육을 할 수 있는 인력도 더 필요하고 시설도 좋아져야 할 것이다.

농학교에서도 선생님들이 수어를 잘하는 사람이 적다는 것을 학부모들이 지적하여 교사들도 수어를 열심히 배운다. 수어를 사용하는 농인들에게는 수어가 1차 언어이기 때문이다. 수어로 수업을 듣는 것이 쉽게 의미를 전달받을 수 있고 자연스러운 것이다.

농학생들이 성장하여 사회 일원이 되었을 때 만족할 수 있는가에 대한 책임은 학부모와 학교에 있다. 물론 자신의 노력에 달렸지만 어떠한 환경에서 어떤 영향을 받고 자랐는지가 자신의 정체성 형성이나 타인을 대하는 태도에 있어서도 중요하다.

수술이나 어떠한 교육(구화 또는 수어)을 받을 것인지는 아동이 성장하기 전에 부모가 선택하게 된다. 그러나 농아동이 성장하여 어떻게 살아가야 하는가를 깊이 생각해 보고 결정해야 할 것이다.

가족은 농자녀가 독립된 인격체로 성장하여 자긍심을 가지고 살아가기를 바란다. 제일 든든한 울타리는 가정이다. 가정에서 농자녀를 사랑으로 키우고 자신에게 긍정적인 자아를 갖도록 해 주어야 한다.

수어 교육이건 구화 교육이건 어떠한 교육을 받았든지 간에 청각장애를 가진 사람들이 힘을 합쳐야 한다. 그들이 가지고 있는 문제를 함께 해결해 나가기를 바란다. 하지만 두 집단 간에 친밀한 교류는 별로 없어 보인다. 두 집단이 힘을 단결하여 관계부처에 제시할 안건이나 문제들을 일관성 있게 추진하면 정부나 단체에서 더욱 더 귀를 기울이고 개선하려고 노력할 것이라 생각한다.

청각장애 자녀를 둔 학부모들이 전문적으로 상담할 수 있는 기관도 개설해야 한다. 상담 기관을 담당할 전문 인력의 양성도 필요하다. 정부 관계 부처에서도 농교육에 보다 관심을 가져야 할 것이다.

농학생들의 밝은 장래를 위해서 필요한 정책을 세우고 희망적인 비전을 제시해야 한다.

<2021년 10월호>

4부
농사회

각종 면허를 허용해야

　트럭을 모는 경우 운전사와 한 명의 조수가 동승해서 다녔던 시절이 있었다. 차가 언덕에 정차하면 뒤로 물러나지 않게 뒷바퀴에 큰 나무를 받치기도 하고 후진하면 뒤를 봐주기도 하면서 안내하곤 했다. 이제는 트럭보다 자가용을 운전하는 사람의 수가 더 많다. 한 집에 차가 두 대씩 있는 집도 늘어났다.

　최근 북한에서 온 사람이 우리나라를 방문하였을 때 차가 많은 것을 보고 '우리가 온다고 하니 모든 차를 서울로 옮겨 온 모양이다'라고 말하자 당국자는 '차를 옮겨오는 것은 힘들지 않은데 집을 옮겨오느라 고생했다'라고 응수하였다고 한다.

　차는 필수품이 되다시피 해서 무슨 영업을 하더라도 주차장이 있어야 하는 세상이 되었다. 성인이 되면 누구나 운전면허를 취득하려 한다. 농인에게는 승용차 운전면허를 허용하지 않았다. 법으로 면허 시험조차 볼 수 없도록 규정했었다. 농인이 자동차를 운전하는 것이 위험하다는 생각 때문일 것이다.

　차를 운전하고 싶은 농인은 필리핀 등지의 타국에서 면허를 받았다. 이를 국제면허로 변경한 후에 한국에서도 운전할 수 있는 면허증으로 바꾸어 운전을 시작했다. 국제면허 사용은 한시적이기 때문에 이것으로 운전면허 문제가 완전히 해결되는 것은 아니었다.

농인들은 자가용 승용차만이라도 운전할 수 있는 2종 면허를 취득할 수 있도록 요구했다. 농인들이 애쓴 결과 1995년 2종 면허를 취득할 수 있게 되었다. 하지만 조그만 트럭이라도 운전하며 자영업을 하려던 농인은 1종 면허가 없어서 생계에 지장이 있었다.

농인들이 이러한 불편에 대해 금지 조항을 폐지해 달라고 계속해서 요구했다. 수년간에 걸쳐 끈기있게 노력하여 농인도 제1종 운전면허 취득이 가능한 도로교통법 일부개정 법률안이 통과되었다.

그 여정은 꽤 오랜 시간이 걸렸다. 드디어 2009년 7월 28일 한나라당 윤석용 의원이 대표 발의했다. 2009년 11월 3일 국무회의에서 행정안전부의 '장애인 복지 분야 생활민원제도개선책'의 일환으로 농인들에게 1종 운전면허가 허용되었다. 2010년 6월 29일 제291회 제8차 국회 본회의에서 통과되어 농인들의 오랜 기다림이 결실을 맺었다.

농인이 운전하면 소리를 못 들으니 위험한 것이 아닌가 하고 생각할 수도 있다. 서울시 전 지역이 크락션(klaxon) 금지 구역이라는 것을 생각하면 아이러니한 이야기가 아닐 수 없다. 실제로 농인 운전자들의 사고율이 청인보다 높으리라 생각하지만 그렇지 않다. 경찰청의 통계자료에 따르면 2006년 1월부터 10월까지 2종 면허를 취득한 전체 농인들 7천여 명의 사고율은 0.98%에 불과하다.

모든 법률은 차별을 금지하고 있다. 시험을 봐서 실력이 없으면 탈락시키면 되는데 시험조차 보지 못하게 하는 것은 차별이다. 미국은 농인 항공조종사협회가 있고 농인 변호사협회도 있다. 시험은 어렵지만 열심히 준비하여 시험을 볼 수 있다. 면허를 취득해서 직업을 가지고 사회의 일원으로 이바지하며 살 수 있는 제도적 장치가 되어 있다. 진정한 의미의 선진국은 경제적으로만 잘 살면 되는 것이 아니다. 철학과 규범 및 예의가 있으며 장애인을 배려하고 차별 없는 사회이다.

농인이 타 장애인보다 실상이 잘 드러나지 않는 이유 중 하나는 겉으로 보기에 특별한 장애가 없기 때문이다. 그들과 한 시간만 같이 있어 보면 소통이 안 된다는 것이 얼마나 큰 불편임을 실감한다.

농인의 장애는 소통의 장애이다. 소통에 제한을 두는 모든 일을 철폐한다면 농인들은 물고기가 물을 만난 듯 자연스럽게 이야기와 생각을 쏟아낼 것이다. 여러 분야와 문화의 영역에서도 자연스럽게 소통할 수 있는 길을 열어 주어야 한다. 그럼으로써 농인들의 직업도 안정되고 농문화가 발전되며 농인의 삶이 보다 윤택하게 될 것이다.

최근에는 대학을 졸업한 농인들과 수어를 배우는 인구와 수어 통역사들도 늘어났다. 미국을 비롯한 몇 나라에서는 농인 국회의원이 있다. 농인 교수가 농학생을 가르치며 농인 변호사가 변론한다. 교통사고가 났을 때도 수어를 잘하는 교통경찰관이 와서 농인들과 소통한다.

우리 사회도 39여만 명이나 되는 농인들을 위해 이러한 환경이 이루어지도록 배려해야 한다. 농인들이 모든 분야에 진출할 수 있도록 각종 면허를 허용하고 자격의 제한이 없어져야 한다.

<2018년 9월호>

중도 실청자

소리를 못 듣는 사람은 선천적으로는 태어나면서부터 청각에 장애가 있다. 어느 정도 청력이 있었으나 점점 손실되어 나중에는 일상적 대화를 전혀 알아들을 수 없는 경우도 있다. 선천적으로 소리에 대한 감각이 없는 농아동은 처음부터 세상에는 소리가 없는 것으로 생각하고 지낸다. 주위 가족이나 친지가 자신과는 다른 방법으로 이야기하는 것을 보고는 자신이 다른 사람과는 뭔가 좀 다르다고 느낀다. 자신이 사용하는 수어 외에 다른 의사소통도 있음을 깨닫게 된다.

농아동은 집에서 자신을 부를 때는 손짓으로 하고 식사할 때는 먹는 행동을 보고 알았다. 어느 날 옆집에 가보니 '입만 뻥끗 뻥끗하더라'라는 것이다. 처음으로 다른 집을 방문한 농아동이 한 이야기이다. 어린 농아동이 들리는 세계를 어떻게 느끼며 자신의 집과는 어떻게 다른지를 알게 된 것이다.

소리를 잘 듣던 사람이 점차 안 들리게 되면 어떻게 될까? 자신이 전과 달리 잘 들리지 않기 때문에 목소리가 점점 커진다. 부드러운 목소리 톤은 줄어들고 상대방을 신경 쓰기에 앞서 자신이 잘 들리게 소리를 내기 때문에 일상적인 목소리보다 더 큰 소리로 말하게 된다. 상대방도 그 이유가 난청으로 인한 것임을 알고부터는 배려하기 위해 소리를 크게 내기도 한다. 점차 난청의 정도가 심해지면서 자신과 타인의 소리는 물론이고 자연의 소리인 바람 소리와 비오는 소리 및 음악 연주 소리나 라디오 소리 등이 안 들리는 상태가 된다. 소리 문화권에서 보는 문화권의 일원이 되어 가는 것이다.

농인은 실청한 시기에 따라 생활 유형이 많이 달라진다. 실청이 언어를 배우기 전인지 후인지도 중요하다. 아동이 언어를 배우기 전에 실청된 것과 어느 정도 언어를 습득한 후 소리를 못 듣게 된 경우와는 차이를 보이기 때문이다. 음성언어를 배우기 전에 실청한 아동은 나중에 문장을 쓸 때나 구화를 할 때 발성이나 조사 사용 등의 문법을 배우는 데 더 많은 시간이 걸린다. 수어와 음성언어의 문법구조는 다르고 수어에는 조사도 없기 때문이다. 그래서 농인은 문장을 쓰기가 어렵다고 호소한다.

구화 교육법을 강조하는 학교에서는 대개 수어 교육을 금지한다. 그러므로 농인의 자연스러운 언어인 수어의 발전이 오히려 제한받을 수도 있다. 수업의 많은 시간을 발성과 독순讀脣(lip reading)에 할애하고 있기 때문이다. 일정 수준의 발성과 독해 능력을 갖추기 전까지는 원래의 수업과목을 따라가기도 어렵다.

어느 정도 음성언어를 습득하고 중도 실청자가 되면 발성은 어느 정도 된다. 제대로 된 수어를 배울 기회가 없었기 때문에 상대방의 입술을 읽어 이해해야 한다. 독순도 잘 안되므로 농인도 구화인도 아닌 어중간한 상태가 될 수 있다.

중도실청자는 청인 사회에서 말은 잘 하지만 타인의 말을 잘 알아들을 수 없기 때문에 말만 많이 하게 된다. 다른 사람의 이야기는 안 듣는 사람으로 여겨진다. 상대방 이야기의 앞뒤를 잘 이해하기 어려워 엉뚱한 이야기를 하기도 한다. 일반인은 중도실청자가 말을 잘하기 때문에 듣지 못한다고 생각하지 않는다. 매번 만날 때마다 잘 못 듣는다고 설명하기도 어렵다. 이유를 설명하면 오해가 풀리기는 하지만 오해받을 수가 있는 것이다.

농인 사회에서는 강의와 설교 및 회의 등을 할 때 청인 참석자를 위해 음성 통역을 해 준다. 수어를 모르는 중도 실청자나 어려서부터 구화는 했으나 수어를 모르는 사람들을 위해서 자막을 제공하기도 한다. 중도실청자가 되면 이중 문화권에서 살아가게 되는 것이다. 어떤 면에서는 일반인이나 농인보다도 더 문화적 갈등을 느끼며 생활하게 될 수 있다.

<2019년 12월호>

농사회의 농인과 중도 실청자

눈이 잘 보이던 사람이 어떠한 이유로 인해 실명을 하면 본인은 물론이고 다른 사람들도 이 사실에 대해 당황하게 된다. 어떠한 상황에 처하게 되는가는 설명하지 않아도 안타깝게 여기며 생활에 어려움이 있으리라 여겨진다.

잘 들리던 사람이 어떠한 이유로 인하여 들리지 않게 되면 어떻게 되나. 돌발성 난청은 갑자기 들리지 않게 되는 것이다. 대개 회복되기도 하지만 영구적으로 청력손실이 될 수도 있다. 불행 중 다행은 돌발성 난청은 한 쪽 귀에만 청력 상실이 온다. 그러나 한쪽이라도 소리가 안 들리면 불편하다. 돌발성 난청의 특징은 눈에 띄는 원인이 없이 청력 상실이 갑작스럽게 오고 귀통증은 거의 없다.

일반적으로 청력 상실은 시간을 두고 오는 경우가 대부분이다. 서서히 청력이 떨어져서 점차 대화 소리는 물론 자동차 크락숀 소리도 겨우 들릴까 말까 하는 정도가 되기도 한다. 청력 상실 원인은 다양하지만 최근 유전적 요인을 연구 중이다. 몇 가지 밝혀진 유전자로 조기 진단이 가능하고 가계도의 흐름을 보며 예측도 할 수 있으며 예방에 있어서도 중요한 단서를 제공한다.

예전에 비해 소리를 듣는 귀의 중요성이 알려지고 소리를 듣는 소중함도 새롭게 인식하게 되었다. 9월 9일은 귀의 날로 숫자 9가 귀 모양으로 생긴 것을 연상하여 귀의 날로 정했다. 선천적 또는 후천적 원인으로 현재 청각장애인에 등록된 인원이 39여만 명이고 다른 장애 인구에 비해 많은 편이다.

중도청력손실의 원인은 중이염이나 다른 열병과 염증 등에 의해 청력이 상실되거나 결핵에 걸린 사람이 치료제로서 스트렙토마이신을 주사 맞고 점차 청력을 잃기도 한다. 최근에는 이어폰에 과도한 음량으로 인하여 청력이 점차 손상받기도 한다. 장시간 소음에 노출되어도 청력에 영향을 준다. 100세 시대이므로 장수하는 고령층에서 노인성 난청으로 청력이 떨어지는 사람들도 늘고 있다. 앞으로는 노인성 난청을 예방하기 위한 대책도 필요하다.

소리가 잘 들리던 사람이 점차 소리가 안 들리게 되면 어떻게 되는가. 남의 소리가 안 들리게 되면 자신의 목소리를 크게 하는 경향이 있다. 자신의 목소리가 예전같이 잘 들리지 않기 때문에 본인 목소리가 점점 커져도 모르고 지내기도 한다. 다른 사람의 소리도 잘 안 들리니 자신의 이야기만 주로 한다. 가족이나 보호자는 돌보는 사람이 나이 들어갈수록 점점 말이 많아지거나 목소리가 커지면 노인성 난청이 아닌가를 검사해 봐야 한다.

예전에 들리던 소리가 안 들리면 어떤 세상이 되는가. 늘 소리 속에 살던 때는 그 소리의 귀중함을 모르고 지낸다. 우리는 눈이 안 보이면 어떻게 되는지는 눈만 감아보아도 알지만 소리가 안 들리면 어떻게 되는가를 현실에서 체험하는 일은 드물다.

눈이 안 보이면 모든 것이 어려워지는 것으로 생각하지만 소리는 들을 수 있기 때문에 세상 돌아가는 이야기나 상대방의 이야기는 전과 같이 다 듣는다. 소리가 안 들리면 눈으로는 그림과 동작을 다 볼 수 있지만 소리가 지닌 의미와 분위기를 알기 어렵다. 사람과의 대화가 음성으로는 소통이 어렵게 된다. 상대방의 음성으로 전달되는 의미의 뉘앙스를 모르고 상대방의 얼굴만을 쳐다보며 만나는 만남은 겉핥기의 인간관계일 뿐이다.

소리를 들으며 친숙하고 다정다감한 음성언어로써 소통하던 사람이 중도에 청각을 잃고 더 이상 소리의 세계를 접하지 못하면 심정은 어떠하겠는가. 한 중도청각장애인은 소리가 아닌 다른 방법으로 의사소통해야 하는 세계에 들어서면서 외부와 연결이 안 되고 혼자 있는 고립감을 느꼈다고 한다. 중도실청자중에는 이러한 시기를 잘 극복하고 자신과 같은 사람이 많은 것을 알고는 신학을 공부하여 다른 나라 농인들을 위해 남은 생을 헌신하는 사람도 있다.

중도청각상실이 된 사람은 선천적으로 청각장애가 있는 사람보다 '처음에는 얼굴 표정이 어둡다'라는 연구 보고가 많다. 물론 나중에 자신의 심리적 충격을 극복하고 사회적으로 잘 적응하면서 표정이 밝아지기도 한다.

농사회에서는 젊어서부터 중도실청자가 되어 오랜 기간 농사회에 속해 있는 사람들에게는 별 저항감이 없는 편이다. 하지만 청문화권에서 살다가 늦게 중도실청된 사람들은 잘 받아들이지 않는 느낌이다.

늦게 중도실청된 사람은 농인의 고유문화인 수어에 기반을 둔 농문화에 익숙하지 않고 청문화에 더 익숙하다고 생각하기 때문이다. 또한 중도실청자들은 문해력과 문장력도 평균적으로 농인들보다 높다. 행정력이나 다른 기타의 업무에서도 이미 활동하고 있으므로 농인 사회의 조직에 영향을 줄 수 있다고 우려하는 듯하다.

　　외국은 난청협회나 중도실청자 협회 등이 따로 설립되어 활동하고 있어 우리와는 다소 다른 분위기임을 알 수 있다. 농사회는 앞으로 중도 청력상실로 인하여 법적으로 청각장애자에 속한 사람들과 어려서부터 수어를 사용하는 농문화에 익숙한 사람들과 서로 이해하고 배려하며 공감대를 형성해 나가야 할 것이다.

<2021년 9월호>

재난 정보는 농인에게 어떻게 전달되고 있는가

요즈음 뉴스에서 신종 코로나-19(COVID-19) 바이러스 감염사태가 자주 보도되고 있다. 신문과 텔레비전 및 개인 유튜브는 물론이고 국내외 많은 매스컴에서도 오르내리고 있다. 유익한 정보도 있지만 과장된 정보도 있게 마련이어서 홍수처럼 밀려오는 정보를 구별해서 받아들이기가 쉽지 않다.

정보를 판단하기 위해서는 다양한 정보를 볼 수 있는 자료가 필요하다. 신뢰성 있는 기관이 제공한 정보와 비교해서 확실한지를 알아봐야 한다. 사실에 근거한 정보를 제공하는 것이야말로 사람들이 가져야 할 기본매너이다. 대부분의 정보가 음성언어 중심이므로 보이는 언어인 수어를 사용하는 농인은 사실인지를 확인하기가 더욱 어렵다.

농인들은 정보가 전달되는 언어가 한국어이건 영어든 상관없이 제일 편하게 사용하는 수어가 아닌 이상 외국어에 불과하므로 수어 통역이 있는 정보를 원하는 것은 당연하다.

한국수화언어법(약칭:한국 수어법)이 2016년에 통과되었음에도 불구하고 여전히 39여만 농인들에게 적절한 수어 통역이 제공되지 않고 있다. 이러한 상황에서 지난해 말 문화체육관광부가 정례 기자회견을 시작으로 정부 부처 발표와 국경일 행사 등에 수어 통역을 지원한다고 발표한 것은 다행한 일이다.

농인들은 최근에 질병관리본부의 신종 코로나-19 바이러스 전파에 관한 관련 영상에 수어 통역이 없음을 인권위원회에 2020년 2월 3일 진정했다. 진정 이후에는 수어 통역사가 배치되었고 수어 통역이 들어간 영상도 방영되었다. 수어 통역을 해줄 거면 이러한 이야기가 나오기 전에 미리 해주었다면 칭찬받았을 일이 아닌가.

2019년 강원도 속초에 산불이 났을 때 속초에 있는 농아교회가 화재로 소실되었다. 다행히 인명 피해는 없었지만 이러한 화재가 만일 밤에 일어나거나 누가 알려주지 않아 그 안에 사람이 있었다면 큰 피해를 입을 뻔했다. 화재가 발생하면 농인은 볼 수 있다고 하지만 듣지는 못한다. 일반인에 비해 화재의 발생 정보를 전달받기 어려우므로 위중한 인명피해가 나기 쉽다. 아무리 '불이야!' 소리를 외쳐도 소용없기에 먼저 사고를 알리는 방법이 우선되어야 한다.

재난구호를 담당한 부서와 각 기관 책임 종사자들은 농인을 안전하게 지킬 수 있는 방법들을 잘 알아야 할 것이다. 농인들에게도 평상시에 화재 발생에 대비한 대응 방법을 수어로 잘 교육해야 한다. 화재 예방훈련할 때도 소리 외의 다른 의사소통 방법이 필요한 것이다.

옛날에는 농인들이 철길을 걷다가 기적소리를 못 듣고 간혹 기차에 치여 봉변당하기도 했다. 만일 눈길에 걸어가는 앞 사람에게 경적을 울렸는데 그가 바로 농인이라면 어떻게 되겠는가. 청인이 그저 무심코 지내는 일상이 농인에게는 하나하나 아주 중요할 때가 많다. 농인은 청인과는 다른 방법으로 정보를 얻는다는 사실을 기억해야 할 것이다.

100세 시대를 앞두고 있는 요즈음 농인뿐 아니라 나이 들어 난청이 오고 소리가 잘 안 들리는 노인들이 늘어가고 있다. 그뿐만 아니라 아직 상황을 판별하기 어려운 어린이들의 돌발적 행동으로 인한 안전 등에도 관심을 가지고 배려해야 한다.

소리가 안 들리는 것은 다른 문화권에 사는 이민족과 같은 입장이다. 그들의 기본 언어는 수어이며 보이는 언어이기 때문이다. 문자도 청인의 언어이지 농인의 문자가 아니라는 사실을 인지하자. 그리하여 농인에게 정보를 제공할 때는 그들의 언어로 하는 원칙을 정부는 물론 각 기관과 사회단체 그리고 개개인도 염두에 두었으면 한다.

농인이 소외당하는 일 없이 모든 재난정보가 적기에 농인의 언어인 수어로 통역해서 전달되어야 한다.

<2020년 3월호>

농인과 재해

코로나-19 바이러스 감염으로 세계인이 모두 힘든 요즈음이다. 전세계가 함께 고난을 받는 일은 이처럼 전염병이나 태풍과 홍수 등의 재난 그리고 세계대전 등이 있다. 전쟁은 세계대전이라고 하여도 모든 나라가 참여하는 것은 아니다. 전쟁에 휩싸인 당사국을 제외하고는 혼란이 심하지는 않다.

지금의 전염병은 어떤가. 이로 인해 온 세계가 어려운 상황이다. 코로나-19 바이러스에 감염된 당사자는 심하건 경미하건 간에 고통 속에 있고 생명과 직결된 일이 될 수도 있다.

필자가 경험한 재난으로는 어려서 겪은 사라호 태풍이다. 아직도 그 인상이 강렬하여 태풍 하면 사라호가 대명사처럼 뇌리에 남아 있다. 근래로는 2006년도에 평창 폭우 지역에 대민진료를 나가서 현장의 참담함을 목격했다. 재난당하는 것이 얼마나 참혹한가를 몸소 느꼈다.

재난정보는 여러 가지 매체로 제공된다. TV나 라디오 방송이 대표적이며 지역방송도 한 몫한다. 그러나 재난정보를 적절하게 제공받지 못하는 집단이 바로 농인이다.

지난 6월 7일에 부산의 한 주택 2층에서 불이 났다. 불이 난 시각은

새벽 1시 40분경이었고 약 25분 만에 진화되었다. 자정이 지나 폭발음이 나서 노부부는 급히 대피했다. 다른 방에서 자고 있던 아들은 목숨을 잃었다. 폭발음이 크게 났지만 소리를 못 듣는 사람에게는 아무런 신호가 되지 못한다. 경찰은 전기 합선으로 인한 텔레비전 폭발 사고로 보았다. 2년 전에는 화성에서 60대 농인이 화재 대피 알림을 듣지 못해 사망한 일도 있었다.

1984년 8월 31일에는 태풍 준이 집중호우를 동반하여 9월 4일까지 엄청난 폭우로 서울과 경기 및 강원 일대가 큰 피해를 입었다. 서울의 마포구와 일산의 피해가 컸다. 일산 근처의 둑이 무너져 가옥이 물에 잠기고 마을이 고립되었다. 집에 혼자 있던 농인은 전화로도 자신의 사정을 아무에게도 알릴 수가 없었다. 집에 남아 있는 음식을 아껴먹으며 물이 빠지고 구조되기만을 기다려야 했다.

맹인은 자신이 직접 피해 지역을 빠져나갈 수는 없지만 전화하여 구조를 요청하면 안전한 곳으로 피신할 수 있다. 농인은 재난 정보를 적기에 알 수 없으므로 고립되면 자신의 처지를 알릴 방법이 없다. 농인에게는 재난과 관련된 위험한 상황이 곳곳에 있다. 소리는 우리를 안전하게 지켜주기도 하고 때로는 목숨과도 직결된다.

이러한 농인의 어려움을 자신의 일처럼 앞장서서 해결해 주려는 사람이 흔치 않다. 제도적으로도 다른 나라에 비해 아직 미비한 점이 많다. 코로나-19 바이러스 감염 브리핑 초기에는 수어 통역을 해주지 않아 농인들이 정확한 정보를 적기에 얻을 수 없었다. 이후 개선이 되어 다행이다. 최근 KBS 저녁 9시 뉴스에 수어 통역이 없자 '이는 차별이며 정당한 시청자의 권리가 보장되지 않는다'라며 소리 없는 아우성을 하고 있다. 뉴스를 비롯한 재난정보도 농인과 청인 모두에게 적기에 전달되어야 할 것이다.

소리 가운데 살아가는 청인은 물고기가 물의 고마움을 모르고 살아가는 것과 같다. 소리의 고마움을 느낄 때마다 소리 없이 용감하게 사는 그들의 모습에 경의를 표하게 되고 나 자신을 돌아보게 된다.

우리 사회가 39여만 명이나 되는 농인들의 삶과 문화를 조금이나마 이해하고 함께 배려하며 살 수 있는 세상을 만들어야 한다. 그래야 농인에게도 복음이 보다 순탄하게 전파될 것이다. 주님은 농인을 보신 후 하늘을 우러러 왜 탄식하셨을까(막 7:34)

<2020년 7월호>

코로나-19 정보와 농인

　최근에는 코로나-19(COVID-19) 감염으로 걱정이 많다. 코로나-19
가 얼마나 퍼졌으며 우리 동네에는 감염된 사람이 얼마나 있는지 그리
고 사망자는 몇 명이나 발생했는지 등등 궁금한 것이 한 두 가지가 아
니다. 가족의 직장 근처에 확진자라도 발생했으면 출근한 가족이 염려
된다. 어린 아이들도 어린이집과 유치원에 확진자가 발생하여 가지 못
하게 될 때도 종종 있었다. 어떻게 예방해야 하며 마스크는 어디서 사야
하는지 알아야 할 것도 많다.

　매스컴에서는 질병관리본부에서 시시각각 변화하는 양상이 발표되
는 것을 보도한다. 시청자는 그 내용에 신경을 쓰며 지켜본다. 이러한 정
보가 청인에게는 그저 쉽게 얻을 수 있는 내용이지만 농인의 경우는 다
르다. 수시로 전해지는 속보가 처음에는 수어 통역이 없었다. 정규방송
시간이나 뉴스 시간에만 수어와 자막으로 내용을 볼 수 있을 따름이었다.
또한 속보에 실려 오는 긴박한 내용은 수어 통역이 없을 때도 많았다.

　농인 개인이나 단체들은 농인도 실시간에 정보를 공유할 수 있도록
질병관리본부가 발표하는 속보마다 수어로 통역해 주기를 당국에 요청
했다. 이후 이러한 문제가 시정되었고 잘 지켜주었다. 그러나 지방자치

단체의 발표에서는 수어 통역이 없어 다시 요청해야 했고 그 후 수어 통역을 제공해 주었다.

TV 방송도 문제가 있었다. 수어 통역사가 없이 발표자만 화면에 나왔다. 농인들은 수어 통역사도 함께 나오고 특히 화면에 잘 보이도록 해 달라고 요청했다. 농인에게 있어 수어 통역사의 위치나 수어 통역사가 보이는 화면의 크기도 중요하다. 이는 청인에게 있어서 어떠한 마이크를 사용하며 소리는 어느 정도로 하고 방송하느냐와 같은 의미이다. 큰 강당에 많은 청중을 모아놓고 아무리 좋은 연사가 강연하고 일류 가수가 노래를 할지라도 마이크 스위치가 꺼져 있거나 앰프의 볼륨이 약하다면 그 소리는 청중에게 제대로 전달될 수 없는 것과 같다.

마찬가지로 수어 통역사의 위치를 어두운 곳에 배치하면 잘 안 보일 수 있다. 그 내용이 농인에게 제대로 전달되지 않는다. 긴급 상황을 전달할 때도 겨우 작은 원 안에 보이는 수어 통역사의 모습으로는 확실한 정보를 농인들에게 전달하기 어렵다. TV에 수어 통역사가 마스크를 쓰지 않고 통역하는 것을 볼 수 있다. 이를 보면서 어떤 사람들은 '왜 위험하게 수어 통역사는 마스크를 쓰지 않는가?'하는 의문을 가질 수 있다. 수어 통역사들도 마스크를 쓰는 게 좀 더 안전하다는 사실을 알지만 손만으로는 확실하고 생동감 있는 통역이 되지 않기 때문이다.

수어는 손동작의 움직임만이 아닌 얼굴 표정의 움직임도 문법적 기능을 하기도 하고 다양한 뉘앙스를 나타내는 것이다.

코로나-19 감염 및 재난정보 등은 건강과 관련되고 더 나아가 생명과도 직결되는 내용이다. 농인에게도 시간 시간에 맞춰 적절한 정보를 수어로 제공해 주어야 감염예방과 적절한 치료를 한다.

뉴질랜드 보건성(Ministry of Health)의 코로나-19 뉴스는 TV에 농인이 직접 나와 수어로 설명하고 큰 화면으로 잘 보인다. 이탈리아에서는 국립 고등 보건소장이 코로나-19 내용을 발표할 때 수어 통역사가 동시에 수어로 통역해 주는 장면을 공중파에서 볼 수 있었다. 프랑스에서도 수어 통역사가 발표자 바로 옆에 배치되어 있었다. 농인들을 배려한 장면이다.

국내에도 한국농아방송(Deaf Broadcasting Network)에서 수어로 뉴스와 여러 가지 정보를 제공하고 있지만 공중파가 아니어서 다소 아쉬운 점이 있다. 앞으로 긴급 재난과 국가비상시국으로 대피해야 하거나 감염병이 발생하여 검진받을 때도 수어 통역이 반드시 있어야 한다. 농인들이 긴급상황에서 적절히 대처할 수 있도록 기본적인 정보가 마땅히 그들의 언어인 수어로 제공되어야 한다.

<2020년 4월호>

농인을 위한 건축공간

일반인들도 장애인이 사는 집은 조금은 다르게 지어져야 한다고 생각한다. 간단한 예로는 휠체어를 사용하려면 현관이나 건물구조에서 경사로가 필요하다. 부엌은 휠체어를 탄 채로 또는 서서 일을 할 수 있도록 높낮이가 조절되는 조리대를 만드는 등 다양하다. 이러한 집 설계를 배리어 프리(barrier free)라고 하며 무장애 환경설계라고 번역한다. 무장애 환경설계의 특징은 접근성에 있다. 쉽게 이동할 수 있는 공간이어야 하고 움직이는 데 불편함을 줄이도록 하는 설계이다.

농인은 움직이는 데 별 지장은 없으므로 무장애 환경설계와는 조금 다른 측면이 있다. 건물 안을 생각해보자. 건물 안에 소리와 관련된 장치가 얼마나 있는가. 제일 흔한 장치로는 초인종과 인터폰일 것이다. 손님이 현관에서 초인종을 누르면 방문하였다는 것을 집주인에게 알리는 것이다. 농인은 아무리 초인종을 눌러도 들을 수 없다.

물론 옛날에는 초인종 있는 집도 많지는 않았다. 50~60년대에는 그저 문 앞에 가서 '계세요?'하고 소리치기도 하고 대문을 두드리기도 했다. 아무리 소리쳐도 집 안에 있는 농인은 대답할 리가 없다. 이 당시 농인이 있는 집에서는 농인 다리에 줄을 묶어 대문에 늘어뜨려 놓았다. 줄을 잡아당기면 현관에 누군가가 왔다는 것을 알기 위해서이다.

요즈음은 농인이 살고 있는 집이나 사무실에는 경광등이 설치되어 있다. 경광등은 초인종을 누르면 불이 번쩍번쩍하여 소리 대신으로 손님이 온 것을 알려주는 장치이다. 화재 비상벨 소리는 청인들을 위한 장치이므로 화재 발생을 알리는 경광등도 필요하다. 청인은 소리의 세계에 살고 있어 소리 나는 시설이 당연하지만 농인에게 있어서는 거주하는 집이나 사무실이나 공공건물에 비상시를 알리는 경광등이 반드시 설치되어야 한다. 이는 유용한 정도가 아니라 비상시에 생명을 살릴 수 있는 장치이다.

미국은 1968년 로스앤젤레스에 농인들과 난청자들을 위한 아파트를 필그림 루터(Pilgrim Lutheran)교회의 지원으로 세웠다. 은퇴자를 위한 첫 번째 거주시설로 13층 빌딩에 62세 이상의 117명의 농인과 4명의 농·맹인이 거주하고 있다. 이 아파트에는 초인종을 대신한 경광등 벨과 화재경보를 위한 경광등이 설치되어 있다. 관리하는 직원들은 수어를 유창하게 구사한다.

로스앤젤레스 외에도 농인 노인들을 위한 시설이 뉴욕, 매사추세츠, 펜실베이니아, 버지니아, 조지아, 인디아나, 오하이오주에 있다. 이 자료는 1977년 미 대통령과 국회에 제출한 보고서에 의한 것이다. 지금은 아마도 더 많은 시설이 농인들과 난청자들을 위해 세워졌을 것이다. 우리나라는 1993년 원곡에 가톨릭 재단에서 세운 농인들을 위한 양로원으로 성요셉의 집이 처음 지어졌다. 농아동들을 위한 보육원시설과 보육시설 등은 몇 군데 있다.

농인들을 위한 건축물에서는 경광등을 설치해서 불빛으로 신호가 전달되도록 해야 한다. 실내조명은 되도록 밝게 하지만 조명이 없는 곳에서도 자연광으로 빛이 잘 들어오게 설계하여 실내가 어둡지 않게 한다.

건물의 구조를 일자형으로 반듯하게 짓지는 않는다. 지그재그 모양으로 설계하여 앞사람이 뒷사람을 쉽게 볼 수 있어 멀리서도 의사를 전달할 수 있어야 한다. 엘리베이터도 전체적으로 유리로 만들거나 유리로 된 창문이 있어 엘리베이터 안과 밖에서 멀리 있는 사람과도 급한 연락이 전달되어 소통할 수 있도록 설계해야 한다. 잔디밭도 똑바로 가로지르는 길을 만들 것이 아니라 둥그렇게 돌아가는 길을 만들어 앞뒤 사람과의 소통을 쉽게 할 수 있어야 한다.

학교 시설도 일반적인 복도보다 그 폭을 넓게 하여 수어를 하면서 복도를 걸어도 반대 측에서 걸어오는 사람들에게 방해가 되지 않도록 한다. 교실은 계단식이나 소그룹으로 둥그렇게 앉아서 모두를 보며 강의하거나 토론할 수 있는 구조여야 의사소통이 쉽다. 앞에 앉은 사람 때문에 강사 모습도 가려지지 않는다. 강사가 앞 사람이나 다른 물건에 의해 가려지는 것은 마이크가 잠시 꺼져 있는 것처럼 강의의 일부가 잘려나가는 것과 같다.

주택이나 건물 등을 건축할 때는 '농인은 거동에 불편이 없다'라고 생각할 것이 아니라 그들이 사용하는 '보이는 언어'가 잘 소통될 수 있도록 배려해야 한다.

<2020년 5월호>

농사회를 위한 다양한 봉사

청인은 대부분이 농인 사회에서 수어를 하여야만 농인과 어울릴 수 있다고 생각한다. 농인은 주로 수어를 하지만 구화를 사용하기도 한다. 수어는 그들의 자연어이며 언어학적으로 1차 언어이자 모국어이다.

구화는 소리는 들리지 않지만 발성법을 배우고 상대방의 입술을 읽고 말로 의사소통하는 방법으로 특수학교에서 배운다. 구화하는 정도는 사람마다 조금씩 다르다. 구화를 잘하는 사람이면 본인이 농인이라 말하지 않으면 청인으로 생각할 정도로 말이 유창하다.

수어는 국적에 따라 다르다. 농인도 청인이 외국어를 배우듯 다른 나라 수어를 배워야 외국 농인과 의사소통한다. 영국과 미국 수어도 같지 않다.

차 안에서 네 사람은 어떻게 대화할 수 있었을까?

필자가 나사렛대학교 대학원에서 강의할 때이다. 운전하는 필자가 천안에서 서울로 오면서 청인 대학원생과 농인 대학원생 그리고 미국 청인이 동승했다.

청인과 청인은 말로 하면 되고 한국 사람끼리는 한국어로 소통하면 된다. 한국 청인과 미국 청인은 영어로 어느 정도 가능하다. 청인 대학원생은 농인 대학원생에게 다시 수어로 알려주어야 한다. 음성언어는 뒤를 돌아보지 않아도 운전하면서 이야기를 할 수 있다. 수어는 보이는 언어이므로 상대방을 봐야 한다. 농인이 뒷자리에 앉으면 수어를 볼 수가 없다. 운전석 옆자리에 앉은 사람이 수어를 보고 음성으로 통역해 주어야 한다. 한 시간 남짓 차 안에서 한국어와 영어로 그리고 수어로 이야기하면서 서울에 도착했다. 한 차 안에서 다양한 소통의 모습을 보며 언어의 중요성을 체험했다.

수어를 잘하면 농인들과 대화하는데 통역인이 필요하지 않다. 그러나 수어를 모르더라도 운전이 가능하면 운전하는 일로 농인을 돕고 컴퓨터를 잘하면 음성언어를 자막으로 만들어 주는 봉사도 있다. 그 외에도 청인들이 잘하는 일로 농인 사회에 봉사할 수 있는 길이 다양하다.

시각장애 분야는 점자도서관에 가서 점역해주기도 하고 점자를 모르더라도 음성을 통한 녹음 도서 봉사도 있다. 마찬가지로 농사회에서 수어를 잘 몰라도 얼마든지 할 수 있는 일들이 있으며 제일 중요한 것은 그들과 같이 하고자 하는 마음일 것이다.

수어를 배워 농인들에게 필요한 일을 해보겠다고 시작한 사람들이 생각만큼 수어 실력이 늘지 않아 중도에 포기하는 경우도 있다. 수어에만 매달릴 것이 아니라 자신이 잘하는 일로 농사회에 봉사할 수 있는 분야를 찾으면 된다. 기쁜 마음으로 한다면 오히려 더욱 자신감을 갖게 되고 꾸준히 할 수 있을 것이다. 더욱이 자신의 전공을 활용하면 다른 사람에게는 어려운 일일지라도 본인은 수월하게 한다.

최근에 농인들의 창업이 늘어나고 있다. 농인을 위한 방송과 개인 유튜브를 개설하는 등 전에 비해 농인들이 다양하게 활동하고 있다. 청인들의 경험도 농인들이 원하는 목표에 도달하도록 도움을 줄 수 있을 것이다.

우리나라의 농인 인구는 어린이로부터 노인까지 남녀 모두 39여만 명 정도이다. 일반인들이 농사회에 보다 더 관심을 가지고 봉사할 수 있는 일을 찾으면 된다. 전문성을 살린 청인들의 다양한 봉사가 농사회에 정착되고 농인과 청인이 서로가 배려하고 상부상조하는 사회가 되기를 기대한다.

<2020년 1월호>

친구 사귀기

인간은 사회적 동물이다. 혼자서는 살 수 없고 여러 사람과 어울려 살아가게 마련이다. 이처럼 대인관계는 중요하므로 우리는 친밀하게 이야기 나눌 수 있는 사람을 친구로 사귀게 된다. 물론 가장 가까운 가족도 있지만 때로는 가족원과 이야기 나누기 어려울 때면 친구와 의논한다.

흔히들 친구 관계가 중요하므로 '친구를 잘 사귀어야 한다'라고 말한다. 부모는 어린이집에서부터 대학교에 이르기까지 자녀가 좋은 친구를 사귀도록 배려한다. 어린이집을 선정하거나 유치원을 결정할 때도 고심한다.

농아동은 어떨까. 요즈음은 농아동도 어린이집이나 유치원에 가기도 하지만 수어로 운영하는 어린이집은 한 곳뿐이다. 농초등학교도 전국에 많지 않다. 가까운 거리에 농학교가 있으면 진학하거나 기숙사가 있는 대도시의 농학교에 진학한다.

초등생 시기에 구화학교에 다닌 학생은 일반 중학교에 진학해 수업받기도 하지만 전체 학생 수로 볼 때는 많지 않다. 농아동이 학교에 들어가면 길게는 초등학교와 중학교 그리고 고등학교까지 12년을 같은 학교에 다니게 되므로 친구를 사귀는 범위가 한정된다. 청인은 초등학교와 중학교 및 고등학교 친구가 다른 편이지만 농학생은 다양한 그룹의 친구들과 교류할 기회가 많지 않다.

학교 이외의 그룹으로는 종교단체인 교회나 성당과 사찰에서 친구나 선후배를 사귀기도 하고 동호회를 통해 취미가 같은 사람들끼리 만난다. 교회나 성당과 사찰에서 농인들끼리 만나기도 하지만 동호회에서는 농인뿐 아니라 청인들과도 사귄다. 직장에서 친구를 사귀는 것도 농인에게는 쉽지 않다. 충분한 대화 상대를 찾기가 힘들기 때문이다. 친구가 되고 긴밀한 관계를 유지하려면 가장 기본은 의사소통이다. 서로 의사소통이 원활하지 않으면 알고 지내기는 하지만 정감을 나누고 친밀한 친구가 되기는 어렵다.

가족 내에서도 마찬가지이다. 가족일지라도 수어로 의사소통이 충분하지 않으면 가족과 함께 시간을 보내며 대화하기보다는 농인 친구들을 만나 수어로 마음껏 대화하며 시간을 보낸다. 농인 모임에 가보면 공식적인 모임이 끝났는데도 바로 집에 가지 않고 남아서 이런저런 이야기를 오랫동안 나누는 모습을 본다. 농인에게는 말 안 통하는 외국인과 지내다가 말 통하는 같은 민족을 만나 이야기하며 보내는 시간인 것이다. 농인들이 만나서 헤어지기 아쉬워하는 마음이 이해된다.

농인은 청인 친구가 있는가?

농인과 청인이 친구가 되는 일도 어렵다. 청인을 만나 이야기할 수 있는 기회가 많지도 않기 때문이다. 만날 기회가 있다 하더라도 원활한 의사소통을 할 수 있는 대상을 만나기가 쉽지도 않다. 청인도 농인과의 교류가 단순히 수어만 알아서는 안 되고 그들의 문화와 관습을 이해해야 한다. 수어로 어느 정도 의사소통은 할 수 있어야 하지만 농인의 문화와 관습을 이해하지 못하면 적지 않은 문화적 충격에 빠질 수 있다.

농인이 청인 친구를 많이 사귀기 위해서는 농인도 청인 문화권에 대한 폭넓은 이해가 필요하다. 농인 사회에 들어와 함께 하려던 청인들도 농인들과 서로 오해하거나 농인 문화권을 충분히 이해하지 못해 청인 사회로 되돌아가기도 한다.

농인과 청인이 친구가 되기 위해서는 상대방의 문화를 이해하려는 노력과 인내가 필요하다.

<2021년 5월호>

농인에 깊은 사랑을 보인 외국인들

우리나라에 와서 한국 사회에 영향을 준 외국인들이 있다. 우리나라에 들어왔던 선교사들은 학교와 병원 그리고 보육원과 모자원 등을 세우고 교육과 사회사업에 헌신했다. 원래 목적대로 선교에 열심인 것은 물론이었지만 장애인에 대한 깊은 사랑으로 활동했던 몇몇 분들이 있다.

로제타 셔우드 홀(Rosetta Sherwood Hall, 1865~1951)여사는 1890년 한국에 와서 44년간 선교사역을 했다. 주로 여성과 장애인을 위한 복지와 교육 그리고 의료사역 및 우리나라에서 최초로 근대화된 특수교육도 시작했다. 농인에게도 관심을 가지고 1909년 평양맹아학교에 농아부를 설치하여 농인을 위한 교육에도 헌신했다.

한국에 선교목적으로 입국하였지만 정착하지 못한 채 떠난 미국 출신 베티(Betty) 여사도 아쉬움으로 남는다. 베티 여사는 연락이 두절되어 확실하지는 않지만 아마도 돌아가셨을 것이다.

평택 에바다농아원 이사장을 지낸 미국 출신 맥신 스트로브리지(Maxine Strobridge)는 1967년 미국 하나님의 성회 선교부에서 한국에 파송되어 농아동을 위해 평생을 봉사했다. 가톨릭의 허 까리타스(Caritas, Luise Hopfnzitz)수녀는 수유리에 농인들의 자활장을 마련하고 거처도 제공하면서 농아선교회를 발전시켰다. 애화학교를 설립하는 등 활발한 활동을 하시다가 한국에서 영면하셨다.

현재 생존해있는 선교사로 한국 농인에 많은 영향을 준 네빌 뮤어(Neville Muir)라는 분이 있다. 어린 시절 한국 선교사로서 호주에 파송된 교회학교 교사로부터 한국에 대한 이야기를 듣고 나중에 어른이 되어 기회가 주어지면 한국에 가서 선교하겠다고 마음속 깊이 주님과 약속했다고 한다. 나이가 초등학교 2학년 때이니 어려서의 그 순수한 신앙으로 일생 농인을 위해 일하는 계기가 되었다.

네빌 뮤어 선교사는 월드 비전을 통해 한국 청각장애 아동들의 후원자가 되었다. 호주 글렌도널드 사범대(Glendonald Training Center for Teachers)에서 특수교육학을 전공하고 호주에서 농학교 교사로 있다가 선교사 훈련을 받은 후 일본에서 영어교사로 일했다.

1973년부터는 방학 때마다 한국을 방문하기 시작했다. 필자와는 영락 농인 교회를 방문한 계기로 처음 만나게 되었다. 당시 유년 주일학교 교사로 있던 필자는 외국인으로서 한국 농인에게 깊은 관심을 보이는 청년 네빌 뮤어 선교사를 인상 깊게 보았다. 편지로 서로 연락하며 지내다가 방학 때가 되면 만나곤 했다.

네빌 뮤어 선교사는 몇 년 후 한국에 오기로 결정했다. 1978년 12월에 부인 릴 뮤어 선교사와 함께 한국으로 이주하여 한국 농인 선교를 위해 인천에서 활동하기 시작했다. 네빌 뮤어 선교사는 1979년 4월에 4명의 농인과 함께 인천 임마누엘 농아인 교회를 세웠다. 꾸준히 한국 농인을 위해 교회와 복지 사업 등을 중심으로 봉사했다. 한국에 있으면서 세

들어 살던 집에 화재가 난 적도 있었다. 어려운 상황에서도 한국을 떠나지 않고 농인 교회를 섬기고 교역자를 양성했다.

동남아에서도 교회와 학교 짓는 일을 계속해 나갔다. 국제 특수선교회라는 이름으로 활동하며 40여 년간 농인사역을 하신 네빌 뮤어 선교사는 세계 22개국에 140곳의 농인 교회와 7개 농학교 그리고 우간다와 이집트에는 농신학교(Theological College for The deaf)를 세웠다. 오랫동안 국제특수선교회 총재를 역임하신 후 근래에는 현직에서 물러나셨다. 현재는 암으로 인하여 건강이 예전 같지 않지만 아직도 농인을 사랑하는 열정만큼은 변함이 없다.

현재 네빌 뮤어 선교사가 세운 인천 임마누엘 농아인 교회는 주안 농아인 교회로 개명하여 80여 명의 농인 신자가 예배드리는 교회로 성장했다. 옛날 월드 비전을 통해 후원한 한국인 농인 소년이 지금은 성장하여 목사가 되었고 일본인 구미꼬 선교사와 결혼하여 강화도에서 농인 교회를 섬기고 있다. 구미꼬 선교사는 청인으로 모국어 외에도 한국어와 영어도 유창하게 구사한다. 한국 수어 및 일본 수어도 능숙하여 농인 선교와 국제 교류에 큰 힘이 되고 있다.

필자는 1973년 호주 선교사 네빌 뮤어를 만나고 외국인으로서 한국 농인들을 사랑하고 복음을 전하는 모습을 보아왔다. 한국인에게는 농인을 위해서 일하는 청인이 왜 많지 않은가 하는 생각도 들었다. 그 후 영락 농인 교회에 참석하는 청인들과 함께 1980년도에 '영롱회'라는 동아리를 만들었다. 이것이 현재의 사단법인 영롱회가 되었다.

암으로 투병하고 있는 네빌 뮤어 선교사를 생각할 때마다 우리나라를 다녀간 외국 선교사들의 농인 사랑을 되새겨 본다. 흩어져 있는 자료를 정리해서 후세에 알려야겠다. 사단법인 영롱회에서 추진하고 있는 영롱 농문화도서관이 설립되어 농인 자료가 수집되고 농인들에게 복음의 씨를 뿌린 분들의 발자취가 흩어지지 않고 보전되어야 할 것이다.

* 2020년 11월 12일 오전 9시에 향년 75세의 나이로 고인이 되시다.
  위의 원고는 별세하시기 전 원고임.

<2020년 9월호>

네팔 농아인협회를 방문하고

1997년 두 달간 네팔의 가우리상카(Gaurishankar) 병원에 근무하게 되어 네팔 농아인 협회를 방문할 기회가 있었다. 네팔 농아인 협회는 카트만두에 있는 낙살 농아학교(Naxal School for the Deaf) 졸업생 13명이 농인개발클럽(the deaf development club)이라는 모임으로 시작했다.

1980년에 비영리단체인 농인복지협회(the deaf welfare association)로 개명하여 등록하였다. 1988년에 카트만두 농아인협회(the Kathmadu Deaf Association)로 변경하고 전국 농아인 협회 설립의 모태가 되었다. 한국은 해방 후 1946년 6월 1일 자조자립단체인 조선농아협회를 창립했다. 해방의 역사와 맥을 같이 하며 현재의 (사)한국농아인협회로 발전했다.

더위도 피하고 도서 및 자료를 보기 위해 미국문화원을 방문하던 중 근처에 농아인 협회가 있다는 이야기를 들었다. 뒷골목에 있는 농아인 협회를 찾기가 쉽지는 않았으나 여기저기 물어 오후 늦게 도착했다. 퇴근 시간이라 직원들이 거의 다 나가고 없어 다시 방문해야 했다. 다음날은 함께 근무하는 조석현 선생과 같이 갔다. 네팔 농아인협회 회장은 우리 일행을 친절히 맞아주며 협회에 대해 상세하게 설명해 주었다.

네팔 농아인협회 회장은 '한국 농아인 협회에서 네팔 농아인협회의 활동을 지원해 달라'고 제안했다. 협조 사항들을 영문으로 된 문서로 작성하여 필자에게 부탁했다. 필자가 협회 임원도 아니고 개인 자격으로 방문한 것이라 양해를 구했다.

네팔 농아인협회는 다소 어려운 상황에 있으나 열정을 가지고 농인 사회를 위해 일하는 모습이 인상적이었다. 협회에는 네팔 수어뿐 아니라 영어를 잘하는 통역인도 있었다. 국제사회와 교류하기 위해서는 전문 통역 인력이 필요함을 더욱 느끼게 되었다. 그 후 한국에서 열리는 재활대회에서 네팔 농아인협회 회장을 다시 만나게 되었다. 국제대회는 주최 측에서 몇몇 나라의 대표들을 초청하기도 하므로 자국에서 파견해 주지 않더라도 견문을 넓힐 기회가 있었다.

국제대회에서는 미국 수어나 국제 수어가 주로 통용된다. 한국 수어만을 하는 사람들은 통역인이 있어야 의사소통할 수 있고 실제적인 내용도 알게 된다. 미국 수어나 국제 수어 그리고 필수적으로 영어 문자를 읽을 수 있어야 국제사회와 교류하고 활동할 수 있을 것이다. 우리나라는 미국 수어나 국제 수어 그리고 영어를 읽을 수 있는 농인이 많지는 않으나 국제사회에서 활동하기 위해서는 필요한 사항이다.

이제 세계는 지구촌으로서 인터넷으로 연결되고 자유롭게 여행할 수 있는 여건이다. 한국을 찾아오는 농인도 리투아니아 농구코치를 비롯한 뉴질랜드 농인 국회의원이 방문한 적도 있었다. 외국인 농인 방문자들도 점차 다양해지고 있다. 여러 나라의 농인을 접하고 의사소통하기 위해서는 미국 수어를 가장 많이 사용한다.

국제회의를 개최할 때는 일반적으로 국제 수어로 하지만 문서로 남기는 경우는 대부분 영어로 한다. 한국 농인의 입장에서 볼 때는 한국 수어뿐 아니라 한국어 문자인 한글도 잘 써야 한다. 외국에 나가서는 미국 수어와 더 나아가 국제회의의 경우 국제 수어를 구사할 줄 알아야 통역 없이 직접 의사소통이 가능하다. 농인으로 갖추어야 할 여건이 너무 많다는 생각도 든다. 국제사회에서 자유롭게 의사소통하기 위해서는 어쩔 수 없다.

짧은 기간이지만 네팔 농아인협회를 방문하고 국제사회에서 활동하기 위해서는 농인스스로의 노력도 필요하지만 전문 통역 인력도 적극적으로 양성해야 한다고 느꼈다. 최근에는 청인의 경우 외국어가 부족하면 바로 통역해주는 휴대폰 앱으로도 한국어로 말하면 즉시 외국어로 전달되기도 한다. 농인에게도 자국어인 수어로 이야기하면 바로 자신이 원하는 외국 수어로 통역되는 기기가 개발되기를 기대한다.

우리 사회와 정부 기관은 인터넷과 인공지능 등 첨단 기술이 발달하면 할수록 벌어지는 농인과 청인의 정보격차를 어떻게 해소할 수 있는가에 관심을 갖고 대처방안도 마련해야 할 것이다.

<2018년 11월호>

아일랜드를 다녀와서

　우연한 기회에 아일랜드에 가게 되었다. 그곳에 잠시 체류하는 동안 아일랜드 농인협회를 방문하게 되어 짧은 기간이지만 다른 농문화를 접해볼 기회가 있었다. 농인협회는 Writer's Museum 근처의 아담한 건물이었다. 마침 내부 수리 중이어서인지 어수선한 분위기였다. 그래도 외국 사람이 협회를 방문해 준 것이 신기한 듯 친절하게 안내하고 설명해 주었다. 아마도 한국인이 그것도 청인이 아일랜드 농인협회를 방문한 것이 처음인 듯하였다.

　아일랜드는 영국식 교육과 유사하였으나 영국식 발음과는 다소 차이가 있는 아이리시 악센트가 인상적이었다. 농인협회 건물 입구에 준비된 소책자 중에는 농인이 쉽게 행정 처리를 할 수 있는 안내문과 병원 방문 등에 필요한 어휘를 활용하여 만든 수어 책들이 있었다. 농인이 일상생활에서 필요한 안내서 및 일을 처리하는 방법 등이 항목별로 상세하게 설명한 다양한 문서들도 있었다.

　아일랜드 농인협회의 역사적 전통이 느껴졌고 리더의 역할을 책임감 있게 잘 수행한 것 같았다. 아일랜드 농인협회에서 상황에 따라서 수어로 설명한 작은 안내 책자 등을 선물로 받았다. 공식적인 방문이 아니었는데도 불구하고 직원들은 친절했다.

아일랜드 농인협회의 수어에 대한 정의는 간단하고 명료했다. 아일랜드 수어(ISL)는 아일랜드 농인 공동체의 언어이다. ISL은 시각적이며 공간적인 언어로 고유한 문법이 있다.

수어는 손의 언어일 뿐 아니라 몸의 언어이기도 하다. 수어는 자국 농인의 독특한 언어이며 농인들은 그들의 언어가 올바르게 사용되기를 원한다. 수어가 나라마다 다르다는 사실도 잘 알려지지 않았다. 수어를 가지고 각 나라의 문화를 조사해보는 일도 의미가 있겠다.

우리나라는 2016년에 한국수화언어법(약칭:한국 수어법)이 통과되었다. 이제는 수어를 사용한 다양한 문화를 발전시켜야 한다. 현실에서 언어의 장벽으로 인하여 의사소통에 불편이 없도록 수어 통역도 적절하게 제공해야 한다.

문화 발전은 많은 시간이 필요하며 작가와 콘텐츠 제작에 대한 지원도 제도적으로 확립해야 한다. 농인을 위한 볼거리와 수어로 제작된 연극이나 수어 시를 비롯한 수어 뮤지컬이나 영화 같은 종합예술도 다양하게 제작해야 한다. 청인이 다양한 문화를 즐기듯이 농인도 수어로 된 다양한 장르를 접할 수 있어야 한다.

농인이 응급으로 병원에 갔을 때 의료진에게 의사소통이 잘되도록 의료전문 수어 통역사도 쉽게 연결되어야 한다. 현재 수어 통역사가 상시 배정된 병원은 세브란스 병원과 아주대 병원 정도로 알고 있다.

이외에도 사회 곳곳에서 어려움을 겪고 있는 농인의 여러 가지 문제를 해결하기 위해서는 우리 사회가 보다 더 적극적으로 힘을 모아야 한다. 경제적으로만 나라의 수준을 볼 것이 아니라 장애인과 약자에 대한 배려가 얼마나 잘 되어있는가를 보아야 하겠다. 농인은 언어의 장벽으로 인해 사회 속에서 문화적 접근도 쉽지 않으므로 제도적으로도 다양하게 보완해야 한다.

이제 해외여행은 예전에 비해 자유로워졌다. 세계 어느 곳에 가도 찾기만 하면 농인을 만나기는 어렵지 않으나 자신의 업무와 관심 있는 분야만을 보게 된다. 여건이 허락되면 현지의 농문화를 접해보고 체험한 일들이 농인을 이해하는 데 다소 도움이 될 것이다.

나라마다 독특한 문화가 있듯이 사용하면 곤란한 수어가 있다. 서로에게 문화적 충격이나 오해가 일어나지 않도록 알아두어야 한다. 한국에서는 흔히 사용하는 수어가 어느 나라에서는 금기시하는 수어이거나 아주 심한 욕이 되기도 한다.

대표적으로 미국식 알파벳 T는 미국 농인은 별다른 느낌 없이 사용하지만 한국에서는 조금 이해하는 농인이 있을지 몰라도 청인은 심한 욕으로 오해할 수 있다. 그래서 미국식 알파벳 T를 독일식 알파벳 T로 바꿔 사용하는 사람들도 있다.

농문화는 나라마다 흡사한 면도 있지만 나름대로 차이가 있는 것 같다. 하나의 지구촌이 된 요즈음이다. 우리나라 농인들도 세계 속의 다양한 농문화를 접할 기회가 늘어나야 한다. 우리나라 농사회가 국제적인 교류도 활발하게 하여 농문화가 더욱 발전되기를 바라는 마음이다.

<2019년 1월호>

농인 지도자 양성

인격은 어느 사회든지 지도자의 조건 중에 빼놓을 수 없다. 한 사람의 인격이 형성되기까지 영향을 주는 기본은 가정교육일 것이다. 다음으로는 학교 교육과 자신이 동일시할 수 있는 '바람직한 인격이 주위에 있느냐'이다.

이러한 관점에서 볼 때 농아동이 성장하여 성인이 되기까지의 주변 환경은 청아동에 비해 열악하다고 여겨진다. 농인 주위의 사람들이 청인만큼 영향을 주지 못한다는 의미가 아니라 농아동이 접한 언어권이 청아동과는 다르기에 상대적으로 취약한 환경이라는 뜻이다.

농아동이 수어를 배우지 못할 수도 있고 들리는 음성언어로는 부모와의 적절한 의사소통이 실제로 쉽지 않기 때문이다. 수어를 자유자재로 구사할 수 있는 청인 부모도 드문 편이다. 모든 농아동이 어려서부터 조기 교육을 받을 수 있는 여건도 아니다. 농아동은 어린 시절의 정서나 주위 사람들의 인식이 청아동과는 다르다. 이러한 문제를 해결하기 위해서는 농아동을 둔 부모가 어려서부터 수어를 가정에서 교육하는 것이 바람직하지만 수어를 하는 부모가 많지는 않은 것 같다.

농아동이 성장하여 지도자가 되기 위해서는 먼저 의사소통이 원활해야 한다. 하지만 농아동은 어려서부터 의사소통에 많은 신경과 에너지를 써야만 하는 입장이다. 농아동이 수어를 구사하는 것이 당연하지만 우리의 농학교 교육체계를 보면 학교에서 수어를 정식과목으로 가르쳐주는 곳은 거의 없다. 국어 시간은 있어도 수어는 방과 후 시간에 가르치는 경우가 대부분이다. 수어를 유창하게 하는 교사의 수도 부족한 편이다. 학교에서 자신의 수준에 맞는 수어를 배우기가 어려운 것이다.

'수어에 존댓말이 없다'라고 이야기하는 사람들이 있다. 수어를 자세히 보면 공경의 단어를 붙인다. 무엇보다도 말하는 사람의 태도나 자세 그 자체에서 존댓말의 유무를 쉽게 확인할 수 있다. 가정과 학교에서 어려서부터 존댓말 사용을 교육하고 잘못은 지적해 주어야 한다. 청인 부모나 친지 및 교사들이 수어 능력이 부족하거나 수어에 관심이 없으면 농아동의 올바른 수어 단어 선택이나 수어를 표현하는 태도와 자세 등을 지적하고 훈육하지 못한다.

농인이 지도자가 되기 위해서는 수어 외에도 한글을 잘 구사해야 한다. 모든 문서는 한글을 사용함으로 이를 쓰고 독해하는 능력이 반드시 필요하다. 농인은 평균 독해 능력이 청인에 비해 낮으므로 지도자가 되기 위해서는 한글 구사 능력에 많은 노력을 해야 한다. 농인에게서 온 문자에 어색한 문장을 보면 한글이 농인에게 얼마나 어려운지를 이해할 수 있다. 청인도 국어를 초등학교 6년 중고등학교 6년 대학의 교양학부에서 1년 정도 배웠지만 문법과 맞춤법을 잘 아는 것은 아니다. 농인은 들어보지 못한 언어를 글로 쓰기가 쉽지 않은 것이다.

농인 지도자가 되기 위해서는 국제사회에서 의사소통해야 한다. 필요한 언어는 대개 미국 수어이다. 미국 수어가 주류를 이루기는 하지만 국제회의를 할 때는 국제 수어도 사용할 줄 알아야 한다. 두 가지 수어를 아주 능숙하게 하지는 못한다 할지라도 최소한 회의를 진행할 정도의 수어 실력은 갖추고 있어야 한다. 미국 수어나 국제 수어는 지도자가 되려는 사람에게는 필수적인 언어이다.

회의의 제안서나 회의 결과를 보기 위해서는 영어(미어)를 독해하고 쓸 줄도 알아야 한다. 이를 다 이해하기 어려운 경우는 통역인을 대동하여 회의에 참석한다. 기본적인 영어 해독 능력이 있는지를 보고 지도력을 평가하기도 한다. 상대방 대표도 통역을 통해 소통하기보다는 미국 수어나 국제 수어로 직접 대화하면 다른 느낌을 받게 될 것이다.

지도자 육성은 사회를 이끌어 가는 원동력으로 구심점이 된다. 사회의 문화 수준을 가늠하는 척도가 될 수도 있다. 훌륭한 지도자를 가진 집단이나 사회는 발전과 번영이 보장된다고 하여도 과언이 아니다.

이를 위하여 농인 학생들이 어려서부터 인격에 대한 교육 및 전인교육 프로그램을 쉽게 접할 수 있는 제도가 필요하다. 다양하고 수준 높은 프로그램들도 개발되어야 한다. 향후 농인 사회를 이끌어갈 인재와 지도자가 배출될 수 있도록 교육계는 물론 사회 각층이 노력해야 할 것이다.

<2019년 10월호>

5부
농문화

이중문화

부모가 자식을 사랑함은 더 이상 강조할 필요가 없다. 사랑을 받고 자란 자녀는 부모가 되어 자신의 자녀를 양육한다. 부모님이 주셨던 사랑을 체험적으로 느끼며 내리사랑으로 이어진다. 자녀는 사랑을 받으며 독립할 때까지 부모의 보호 아래 성장하게 된다.

농인 부모의 청자녀는 말이 어눌하고 듣지 못하는 부모의 장애를 아직 개념적으로 이해하지도 못하는 어린 나이에 오히려 부모의 입과 귀 노릇을 할 때가 있다. 농인 부모가 친척이나 이웃에게 전화할 때 이제 말을 겨우 배운 청자녀가 부모의 수어를 보고 내용을 음성으로 전달해야 한다.

양쪽의 화자話者는 성인인데 중간 역할을 거의 타의로 떠맡은 청자녀가 성인들의 언어를 충분히 이해해서 수어로 또는 음성으로 적절하게 양쪽에 전달해 주는지는 알 수 없다. 듣는 화자인 상대방은 청인 자녀가 전달해 준 어휘로 농부모의 의사 표현이 맞는지도 확인할 수 없다.

대화의 내용이 성인 사회에서 오가는 내용이고 부드러운 이야기일 수도 있겠지만 격한 이야기가 오갈 수도 있다. 그러다 보니 농인 부모를 둔 청아동은 어려서부터 어른들의 고민과 갈등을 좀 더 일찍 알게 되기 때문에 조숙한 경우가 많다.

농인 부모는 참석해야 할 자녀 모임이 있을 때 적절한 통역자가 없으면 의사소통이 어려울 수 있으므로 미리 모임을 피하기도 한다. 그래서 농인 부모를 둔 청아동은 부모와 함께하는 모임에서 때로는 소외될 수도 있다. 청아동은 농인 부모 모임 등에 따라갈 때도 모임에는 별로 관심도 없고 지루함을 느끼기 마련이다. 농인 부모를 따라온 청아동과 친구가 되어 같이 놀며 시간을 보내기도 한다. 간혹 농인 교회에서 예배 도중 철모르는 청아동들이 뛰어다니며 예배 분위기를 어수선하게 만들 때가 있다. 이때 농인 부모들은 듣지 못하므로 크게 예민하게 생각하지는 않는다.

근래에 농인 교회에서는 농아동 수는 급격히 줄고 오히려 청아동의 수가 늘어나고 있어 아동부에서 청아동과 농아동을 통합하여 따로 운영하는 교회도 있다. 이러한 현상은 농아동위주의 아동부 환경이 아니고 청아동도 같이 있게 되는 이중문화에 노출되는 것이다. 전반적으로는 농교회의 교회학교 학생 수뿐만 아니라 농학교의 학생 수도 많이 줄어들었다.

농인 부모의 청자녀는 동네 또래들과 놀 때는 동요를 같이 부르고 야호를 외치고 이름을 불러가며 리듬에 맞춰 새끼줄을 하고 소리를 내며 총싸움도 한다. 집에 오면 잘 돌아가지도 않는 가냘픈 손가락으로 꼼지락거리며 부모와 수어로 의사소통해야 한다. 청자녀는 농인 부모에게 자신의 의견이 제대로 전달되지 않으면 애타는 표정으로 어설픈 수어를 하며 농인 부모 얼굴 가까이 가서 자신의 감정과 의사를 나타내려고 애쓰기도 한다. 이중 문화권에 노출된 어린 청자녀들은 농인 사회와 청인 사회의 차이를 어려서부터 이론이 아닌 체험으로 느끼며 생활한다. 청자녀는 성인이 되어 이중 언어권에서 살아가게 되는 것이다.

농문화권을 더 이상 접하지 않게 된 청자녀는 1차 문화권을 청인 문화권에 두고 2차 문화권을 한정된 가정이나 농관계 사회에 두고 살아간다. 청자녀는 성인이 되어 계속 농문화권에 있는 경우가 드물다. 청자녀는 가정에서 사용하는 수어도 어휘가 제한되어 있기 때문에 수어를 충분히 구사하지도 못하고 청인 문화권에서 주로 생활하게 된다.

이중 문화에 노출

이중 문화란 무엇인가? 한 사회에서 언어와 문화가 다른 두 문화권이 있는 것이다. 한 예로 이민 사회를 들 수 있다. 부모는 이민 가서도 자신의 고향에서 먹던 음식이나 습관과 언어도 그대로 유지하며 산다. 원주민과는 극히 제한된 생활상의 필요한 언어만을 사용하게 된다. 종교 및 친목 단체나 이웃 등도 모두 이민 온 사람들과 어울린다. 어떤 경우는 이민자를 대상으로 한 일을 하며 모국어로 생활하기도 한다.

이민 온 자녀는 그곳 학교에 다녀야 하고 그곳의 습관과 제도를 익혀야 한다. 직업선택에 있어서도 부모의 직업을 물려받을 것인지 아니면 그곳에서 새로운 직업을 선택해야 할 것인지 고민한다. 무엇보다 그곳의 언어를 자유자재로 할 수 있어야 그들과 동화되어 살아간다.

언젠가 덴버의 한 호텔을 경영하는 한국인 교민을 만난 적이 있다. 그는 이민 생활의 한 단면을 자녀들 경우를 예로 들며 이야기해 주었다.

이민 올 때 아들은 중학생이고 딸은 3학년 초등학생이었는데 아들은 아침에 등교할 때면 '아버지, 학교 다녀오겠습니다.' 하고 할 때는 '다녀왔습니다.'하며 인사를 한다. 딸은 갈 때나 올 때나 'Hi, daddy!'하고는 뒤도 돌아보지 않고 자기 방으로 들어가곤 한다는 것이다. 처음에는 마음이 다소 불편했으나 차차 이를 받아들이게 되었다고 한다.

국내에서도 다문화 가정이 늘어나고 있다. 우리 사회도 두 가지 언어를 사용하며 이중문화에 접한 사람들에게 관심을 가지고 배려해 주어야 할 것이다. 비록 언어가 다르다고 할지라도 음성과 소리가 있으면 어느 정도 어려움을 풀어 나갈 수 있다. 소수 민족이라 할지라도 부모와 자식 간에 같은 언어를 사용한다. 농인은 소리로서가 아닌 다른 방법으로 소통해야 하므로 부모나 자녀와도 충분하게 대화를 나누기에는 한계가 있는 것이다.

청인 부모의 농자녀와 농인 부모의 청자녀는 서로 다른 언어권에 있고 이중문화 속에서 지내게 된다. 부모와 자녀가 다른 언어를 이해하려고 노력하고 적절하게 의사 표현을 할 수 있도록 서로가 도와주어야 하겠다. 더욱이 부모와 자식 간에 정서적으로도 편안한 의사소통이 이루어져야 한다.

<2018년 2월호>

언어와 문화

어느 호텔 로비에서의 목격담이다. 한 젊은 여자가 로비에 서 있었다. 저쪽에서 다른 여자 한 사람이 걸어왔다. 그녀를 보자마자 젊은 여자는 뛰어가서 포옹했다. 큰소리로 불어로 반갑게 인사하며 얼굴에 눈물을 글썽였다. 무슨 사연인가 이야기를 주위에서 들어보았다. 젊은 여성은 일주일 정도 영어로만 이야기하며 지내다가 프랑스 지인을 만나모국어로 이야기할 수 있어 눈물까지 났다고 한다. 모국어인 불어를 단지 며칠 못했지만 자국민을 만나 마음껏 이야기하는 것이 그만큼 기뻤던 것이다.

농인들은 모이면 헤어지기를 싫어한다. 왜 그럴까? 그들의 언어를 알면 이해가 된다. 집에서 청인 부모나 청인 가족과 같이 있다고 하여도 농인들은 그들과는 다른 언어를 쓰고 있는 경우가 대부분이다. 청인 부모는 들리는 언어이고 농인 자녀는 보이는 언어이거나 반대의 경우도 다른 언어를 사용하므로 서로가 의사소통이 원활하지 않다.

일반적으로는 부모와 자녀가 다른 언어를 쓰는 민족은 없다. 부모의 국적이 달라서 아버지와 어머니가 다른 언어를 사용하여도 자녀는 두개 언어를 잘 할 수 있는 것이 보통이다. 두 언어는 다르지만 모두 들리는 언어이기 때문에 아버지나 어머니의 말을 따라 하면 자녀는 2개 국어를 하게 된다.

농인 자녀를 둔 청인 부모가 수어를 유창하게 하는 가정은 거의 없다. 농인 자녀는 수어를 어려서부터 배우기는 어려운 환경인 것이다. 농인 자녀는 성장하면서 자신의 언어로 마음껏 이야기하는 농인 친구와 더 의사소통이 잘 된다. 청인 부모와의 대화는 제한적일 수밖에 없다.

최근에 한국 문화가 세계적으로 널리 알려지면서 한글의 영향력이 커졌다. 한국어 배우는 외국인들도 늘어났다. 동남아권 나라에서는 최저 임금의 수준이 가장 높은 한국기업에 취업하기 위해서도 한국어를 배운다. 일제 치하에서도 한글학자들은 우리글의 말살 정책에 굴하지 않고 한글을 연구했다. 한글의 우수성을 온 국민에게 일깨워 주었다. 우리도 프랑스 국민이 자신의 언어를 사랑하고 자랑하듯 우리의 언어에 대한 자긍심이 있어야겠다.

수어를 사용하는 농인들도 수어의 특성과 아름다움을 이해하고 사랑해야 한다. 수어 어휘 수가 점차 늘어나서 수어 표현이 다양해지고 문학적 요소들도 많이 개발되면 농문화도 발전하게 된다. 자신의 언어를 사랑하고 아끼는 마음이 있어야 다른 언어를 쓰는 사람도 그 언어에 대해 존중하는 마음이 생긴다. 국어의 '바른 말 고운 말'같은 방송이 국어의 올바른 사용에 이바지하였듯이 수어도 이와 비슷한 방송 프로그램이 생기고 수어 연구 개발 운동이 일어나기를 기대한다.

언어와 문화는 우리의 삶과 밀접한 관련이 있다. 수어의 발전은 농인들의 삶의 질을 높일 것이고 농문화도 더욱 다양해지며 발전하게 될 것이다. 더 나아가 농인 사회가 한층 성장하게 된다.

<2021년 12월호>

농문화와 수어

'농문화'라는 말은 청인들에게 다소 생소한 단어일 수 있다. 농사회를 접한 사람들에게는 낯선 단어가 아니겠지만 한 번도 농인을 만나본 적이 없거나 농사회에 대하여 들어본 적이 없으면 조금 특이한 느낌을 받을지도 모르겠다.

일반적으로 청인은 시각을 통해 많은 정보를 얻는 것으로 생각한다. 실제로는 청각을 통하거나 청각 언어를 문자라는 매체를 통해서 얻는 정보가 대부분이다. 하루 일상을 지내면서 본 것을 다 기억하는 사람은 별로 없을 것이다. 본 것을 나름의 스토리를 가지고 기억하거나 아니면 형태에 어떤 의미를 부여해 중요한 것만 기억하게 된다.

스토리텔링이나 형태에 대한 의미는 언어라는 그릇에 넣어 저장한다. 재생할 때는 중점적 단어나 본 화면을 연상해 기억을 끄집어내어 사용하게 된다. 이때 사용하는 단어의 개념이 농인과 청인이 다소 다를 수 있다. 농인은 자신의 생각과 이미지 자체를 보관하기 위해서는 내용을 저장하는 개념이 청인과는 조금은 다른 뇌의 경로를 가지고 있다.

언어를 사용할 때는 내용을 어떠한 개념으로 저장해 놓았는지가 언어능력에 따라 표현 방법이 각자 다르게 나타날 수 있다.

언어라는 그릇에 어떠한 형태로 기억되는지 과정을 살펴보자. 기억된 개념과 이미지를 끄집어낼 때는 그 언어가 어떤 언어로 구성되어 있는지와 1차 언어가 무엇인지가 주된 실마리가 된다. 1차 언어가 다른, 농인과 청인은 사용하는 언어의 구성과 문법도 다르다.

'기차'로 예를 들면 기차는 큰 쇠로 된 움직이는 물체로써의 특성이 있다. 옛날 증기기관차이면 수증기를 내뿜어 흰 연기가 올라가고 기적을 울린다. 칙칙폭폭 소리를 내며 철길을 일정 시간 간격으로 덜거덕덜거덕 소리 내며 가는 것도 연상하게 된다. 아직 말을 못 하는 어린아이에게 기차 그림을 보여주며 칙칙폭폭 이야기도 하고 장난감 기차로 칙칙폭폭 바퀴를 굴려 가며 놀아주기도 한다.

어린아이는 이렇게 수없이 많은 소리를 들으며 기차에 대한 개념을 정립한다. 시간이 지나면서 칙칙폭폭 소리로 자연스럽게 기차를 연상하고 기차의 특성을 생각하게 된다. 쇠로 된 큰 탈 것이 철로 위로 가는 것을 유추해 낼 수 있는 개념이 생기는 것이다.

칙칙폭폭 소리와 기차가 일대일로 대응되고 연상되는 과정에서 중요한 요소는 소리와 형태이다. 소리는 들리는 언어이고 형태는 동영상이고 그림이다. 이러한 언어에 대한 경험이 쌓이고 간접적으로라도 경험함으로써 한 단어의 개념을 형성한다. 같은 단어이지만 그 단어가 각 개인에게 주는 개념과 이해도는 다르다.

농인은 일상적인 대화도 들을 수 없다. 다른 자연의 소리도 엄청나게 큰 소리가 아니면 느끼기도 어렵다. 보이는 것으로 상황을 판단할 수밖에 없는 것이다. 농인은 듣지 못하므로 음성언어의 악센트나 뉘앙스를 모른다. 표정과 태도와 행동 등의 보이는 것으로만 상대방의 기분과 느낌을 판단해야 한다.

농인은 '보이는 언어'인 수어를 통해 자신의 느낌과 감정을 수어하는 모양과 속도 및 태도 그리고 표정 등으로 나타내며 의사소통한다. 농인은 수어가 1차 언어이며 갈등 없이 배울 수 있는 모국어이다.

구화를 배워 발성하는 몇몇 농인들은 수어를 사용하지 않고 상대방의 입술을 보고 마치 청인같이 이야기하기도 한다. 때로는 듣는 사람이 아닌가 하고 생각될 정도이다.

청인처럼 이야기하는 농인은 전체 농인 집단으로 보면 소그룹이다. 구화는 어려서부터 습득해야 하고 사립 구화학교를 다녀야 하는 등 학비 부담도 크다. 구화를 배운 농인들 이외에는 수어가 자연스럽고 자신의 감정을 생생하게 상대방에게 전달할 수 있는 수어를 통해 소통하는 것이 편안하다.

수어를 문자로 기록해서 남겨야 할 때는 농인에게 들리지 않는 소리를 소리 나는 대로 쓴 문자로 번역해야 하므로 어렵게 느껴진다. 청인도 소리를 배제하고 사는 것이 얼마나 어려운 일인지를 간접적으로라도 체험해 보면 조금은 이해할 수 있다.

소리는 없지만 다양한 수어의 표현과 몸짓으로 수어 시와 수어 뮤지컬 및 수어 스토리텔링 등과 침묵의 언어인 몸으로 표현하는 춤과 연극 등이 이제 농문화로 서서히 태동하고 있다. 점차 농문화가 농인과 청인의 관심을 받게 될 것이다.

앞으로 농단체는 물론 정부와 지방자치단체 그리고 사회 각층에서 농문화에 대하여 관심을 가지고 문화예술 분야에도 활발하게 지원해 주기를 기대한다.

<2019년 11월호>

수어시

시詩라고 하면 어렵다고 생각하는 사람들이 많다. 그래도 한두 편 정도의 시는 기억한다. 김소월의 '못 잊어', '엄마야 누나야', '진달래꽃' 같은 시는 한국 사람들이 암송하며 좋아하는 시 중의 하나이다. 시는 체험이며 삶의 진실을 보여주는 것이라고 한다.

정작 시를 써보라고 하면 대부분 어려워한다. 애송되는 시는 있는데 막상 시 쓰기를 힘들어하는 이유는 무엇일까? 함축된 언어로 시인의 생각을 담아내야 하며 시로서의 특성과 언어에서 느껴지는 운율이 있어야 하기 때문이다. 이 운율은 자유율과 내재율 및 심리율 등이 있다. 넓은 의미로는 음악적 요소가 있어야 한다. 음성언어로 표현하면서 음악의 박자와 음정이 주는 것 같은 느낌이 들어야 하는 것이다.

수어시는 문자시나 낭독시와는 어떠한 차이가 있는가? 수어에도 시가 있는지 반문하는 사람들이 있을지도 모르겠다. 수어시를 접해보지 못했기 때문이다. 수어도 하나의 독립된 언어이고 수어 역시 여러 장르의 문학을 표현할 수 있다.

수어 문학작품이 전래되기 어려운 이유 중의 하나는 수어는 묵자墨字(점자點字에 대응하는 말)처럼 기억을 저장하여 보관할 수 있는 언어가 아니다. 보이는 언어이기 때문에 사라진다. 녹화 영상기기가 발달하기 전에는 기억에 의해서만 언어를 재연할 수 있었다. 작품이 다른 사람을 통해서 전해질 때는 농인 시인이 구연口演(농인의 입장에서 수연手演이라 표현하기도 한다)한 언어와는 조금 달라질 수도 있다.

수어시의 어머니라고 부르는 영국 웨일스 출신 도로시 마일즈 (Dorothy Miles)는 평생 영어와 영국 수어 및 미국 수어로 시를 썼다. 수어시와 수어 연극을 농인 후학들에게 가르치기도 했다. 1931년에 출생한 도로시 마일즈는 8살 때 뇌척수염을 앓은 후 농인이 되었다. 왕립 농아학교 (Royal School for the Deaf)와 메리 헤어 학교(Mary Hare School)를 마친 후 미국으로 건너가서 갈로뎃 대학교를 졸업했다.

1967년 미국 국립 농인 극단이 창설될 때부터 극단에 동참하여 많은 수어시를 창작했다. 그녀의 '고양이'라는 수어시를 보면 수어가 얼마나 아름다우며 서정적인지를 느낄 수 있다. 이외에도 벤 반(Ben Bahn)의 작품 '공', 이안 산번(Ian Sanborn)의 '나비의 애벌레(Caterpillar)'는 수어만이 가질 수 있는 독특한 느낌과 감동을 잘 표현했다.

우리나라에서 농인으로 한글로 된 시를 쓴 시인으로는 박용수와 서인수 등이 있다. 일본인 농인 시인 요나이야마는 2002년에 서울 시청 별관에서 자신의 모국어인 일본어 수어로, 2018년에는 중국인 장평이 수어 민들레가 주최한 축제에서 중국어 수어로 수어시를 공연했다.

수어시는 배경음악도 필요 없지만 음악 대신 조명이 필요할 수도 있다. 소리가 배제된 '보이는 언어'로 시를 표현한다. 공연장에서는 수어시를 보면서 보는 관객과 수어 하는 시인이 함께 느끼고 공감하며 감상하는 것이다.

한글을 안다고 한글로 된 시를 잘 쓸 수는 없는 것처럼 수어를 한다고 수어시를 잘 할 수 있는 것은 아니다. 시는 시다워야 하며 시인은 시인의 심성을 가져야 한다. 시는 산문이나 소설과 다르며 시의 특성을 충분히 이해하고 공부하여야 좋은 시를 창작한다.

수어시도 마찬가지이다. 일반인들은 한국어를 특별히 가르쳐 주지 않아도 말을 한다. 게다가 국어 과목을 초중고 12년과 대학에서도 1학년 때 교양학부에서 1년을 더 배운다. 그럼에도 불구하고 맞춤법에 맞게 제대로 글을 쓰는 사람은 많지 않다.

한국어도 이러한 상황인데 학교의 정규과목에도 없는 수어를 누가 가르치며 어디서 어떻게 배워야 고급 언어답게 구사할 수 있는 것인가. 수어로 시를 쓰기 위해서는 누구에게 배워야 하는가.

언제이건 농학생이 학교를 졸업할 때는 수어시 하나 정도 할 수 있기를 바란다. 다양한 문화예술 무대의 프로그램에 수어시가 늘어나고 시인詩人이 많은 시인視人(seeing person, Augenmenschen)의 사회가 되기를 꿈꾸어 본다.

<2022년 1월호>

한국 영화 좀 봅시다

광화문 광장에 농인이 가끔 1인 시위를 하면서 '한국 영화 좀 봅시다'라고 쓴 패널을 들고 있다. 그가 농인이라는 사실을 모르는 사람들은 이 시위가 좀 이상하게 보일 수도 있다. 주위 사람들의 시선도 아랑곳하지 않고 서 있는 이유는 농인들이 문화생활을 좀 더 누리기를 바라는 마음일 것이다.

다름이 아니라 텔레비전이나 영화관에서 하는 방화에 지금보다 자막을 더 넣어 달라는 이야기이다. 전에는 일반인들도 외국 영화를 좋아했지만 요즈음은 방화˙에 대한 관심과 선호가 높은 편이다.

세계적으로 이름있는 영화제에서 배우나 작품으로 때로는 감독이 상을 받기도 하여 영화계의 자랑이자 경사이다. 몇 작품들은 흥행에도 성공해 많은 투자가들이 몰리기도 한다. 몇 년 전만 해도 방화는 쿼터제로 유지했었다. 그러나 아직도 외화가 많이 방영되고 있고 특히 주말에 TV 방송에서 외화가 차지하는 비중이 크다.

외화를 텔레비전에 방영하려면 둘 중 하나의 방법을 택해야 한다.

• 방화邦畵: 자기 나라에서 제작된 영화

하나는 원음을 그대로 내보내고 밑에 자막(caption)을 삽입한다. 다른 하나는 성우가 한국어로 다시 녹음해서 방영한다. 이 두 가지 방법은 시청자의 입장에서 볼 때 각각 장단점이 있다.

한국어로 재녹음하면 자막을 읽느라 신경 쓸 일이 없어 화면과 내용을 집중해서 보게 되는 장점이 있다. 그런가 하면 다른 인물인데 같은 성우 목소리가 나오기도 하고 아무리 재녹음을 잘해도 입 모양과 목소리가 어긋나 어색함을 주기도 한다. 말투나 뉘앙스가 영화에서 의도하는 문화적 배경과 어울리지 않는다는 단점도 있다.

자막 처리를 하면 원음의 억양과 뉘앙스를 파악하는 데 도움이 되지만 자막을 쫓아가며 읽어야 하는 번거로움이 있다. 해석을 잘못하면 엉뚱하게 이해되기도 하는 것은 재녹음의 경우도 마찬가지이다.

농인의 입장에서 살펴보면 극장이나 텔레비전 방송에서 영화를 상영할 때 방화는 화면 밑에 자막을 내보내지 않으면 농인은 내용을 이해하기가 어렵다. 구화 교육을 받은 농인의 경우도 화면에 얼굴이 정면으로 나와야 입술 모양을 보고 말하는 것을 읽으며 이해한다.

농인이 외화 보는 것을 좋아하는 이유는 외화의 많은 작품이 자막 처리해서 방영하기 때문이다. 자막이 대화의 대부분을 그나마 통역해주는 역할을 한다. 배경음악이라든지 영화음악까지는 전달시켜주지는 못하기 때문에 영화의 분위기와 박진감과 스릴감을 청인처럼 느끼기에는 한계가 있다. 그럼에도 자막 처리를 해놓은 영화는 농인들에게 여가를 보낼 수 있는 중요한 장르 중 하나이다.

이러한 개방 자막방송은 1973년 미국 ABC 방송에서 처음으로 시작했다. 그 후 자막이 나오게 할 수도 있고 나오지 않게 할 수도 있는 폐쇄 자막방송으로 전환되었다. 미국은 뉴스와 코미디 및 음악과 연극 그리고 영화 등 거의 모든 프로그램에 자막이 있다. 농인이 일반인과 동시에 시청하고 같은 문화를 즐길 수 있는 제도가 정착되었다.

자막 처리를 하게 되면 성우들은 할 일이 줄고 컴퓨터 속기사들은 업무가 늘게 된다. 한때 성우들이 재녹음을 늘려달라고 방송사에 요구한 일도 있었다. 어떤 일이든 희비가 엇갈리는 것이 세상사인 것 같다.

우리나라 텔레비전이나 영화 프로그램은 농인의 요구에 충족될 만큼의 자막 방영을 아직 못하고 있다. 다양한 프로그램에서 자막 처리하여 동시 방송을 함으로써 청인과 농인이 프로그램 내용도 공유하고 같은 문화를 누릴 수 있어야 한다.

<2018년 8월호>

농인과 기록물

올해는 호랑이해이고 옛날부터 전해오는 호랑이 이야기도 많이 있다. 기억나는 속담으로는 '호랑이는 울던 어린아이의 울음도 그치게 한다' 또는 '호랑이도 사람에게 받은 은혜를 갚는다', '호랑이에게 물려가도 정신만 차리면 산다' 등 다양하게 알려져 있다.

지금은 흔하지 않지만 호피를 좋아하여 바닥이나 의자 등받이에 호피를 깔아 호랑이 같은 위세를 내기도 했다. '호랑이는 죽어서 가죽을 남긴다'라는 말도 오래전부터 전해지고 있다. 사람은 훌륭한 일을 하여 후세에 빛나는 이름을 남겨야 한다는 비유의 뜻이다.

사람들은 가죽이건 유산이건 남겨진 물질로 무엇인지 알 수는 있지만 문자로 기록해야 기억하고 역사로 보존된다. 사람의 기억은 한계가 있고 구전으로 내려오는 이야기는 원본을 그대로 유지하기가 어렵기 때문이다.

농인은 문자로 기록하기를 힘들어한다. 대개 행사가 끝나면 보고서를 남기는데 농사회에서는 보고서를 매번 만들지는 않는다. 예전보다 사진 촬영이 쉽고 특별한 장비가 없어도 스마트폰으로 간단한 행사 사진을 찍을 수 있으므로 사진은 많아졌다. 스마트폰에 내장된 카메라의 성능과 화질도 좋아지고 있어 보관용으로도 가능하다. 사진의 보관도 중요하지만 문서로 된 기록물은 반드시 필요할 것이다.

농단체의 기록물이 많이 남지 않았던 이유는 무엇일까?

수어는 농인의 모국어이다. 농인이 편하게 이야기 나누는 수단이다. 농인은 수어를 구사하여 자신의 감정과 생각을 갈등 없이 잘 표현한다. 농인은 수어를 자연스럽게 사용하지만 한글인 문자로 하려면 잘 맞지 않는 옷을 입는 것처럼 어색한 느낌을 받기도 한다.

조사가 없이 사용하던 수어를 문자로 쓸 때는 조사를 붙이고 시제를 맞추고 존댓말도 구분해야 하기 때문이다. 한국어로만 이야기하던 사람을 영어로 하라는 것과 같다. 대학을 나온 청인도 중고등학교 6년과 대학 교양학부 1년 정도 영어를 배웠지만 문서를 영어로 격식에 맞게 해오라고 하면 쉽지 않을 것이다.

예전보다 수어로 녹화한 자료를 남기기는 하지만 필요한 자료를 재생하는 시간이 걸리고 뒷부분을 볼 때는 찾아야 하는 번거로움이 있다. 문서는 제목과 목차를 이용하여 빨리 찾아볼 수 있으므로 자료를 검토할 때는 문서가 더 편하다. 농관련 행사 녹화뿐 아니라 행사 후 보고서를 만들어 남기고 관리하는 일도 중요하다. 영상자료 및 문서 가록들을 통해서 농인 선배들 활동을 알게 되고 보존됨으로써 농인의 역사가 되는 것이다..

최근에 농인 부모를 둔 청인 자녀 CODA(Children of Deaf Adult)들이 쓴 책들이 발간되었다. 농단체에서 일하는 청인들도 기록을 남겨서 농사회의 역사가 빠짐없이 잘 정리되어 후세에 전해져야 한다. 어떠한 글이라도 이해될 수는 있으므로 문자로 기록해야 할 것이다.

영국 왕실 장학생을 뽑을 때도 영어를 유창하게 발음하며 말을 잘하는 것보다 학생의 생각과 장래 희망 등을 본다고 한다. 말을 잘하기보다 생각과 의지가 중요하듯이 농인이 한글로 쓴 문자기록이 간혹 어색하여도 기록한 내용은 중요하고 내용을 기록하는 것도 의미가 있다. 외모를 보지 않고 중심을 본다는 성경 말씀과 같다.

농인의 기록물들이 잘 보존되어야 후세에 농인 역사를 이루고 교훈이 되어 농사회가 발전하는 기초가 될 것이다.

<2022년 2월호>

농인 문화 정보 전문 도서관의 필요성

'농인 도서관이 필요하다'고 이야기를 하면 대부분이 '농인은 소리는 못 듣지만 눈은 괜찮으니 책을 보면 되는 것 아니냐?'고 반문한다. 대개 눈이 보이지 않는 사람들을 위해서 점자나 음성으로 된 책이 필요한 것은 알고 있다. 그러나 볼 수 있는 농인에게 왜 농인 도서관이 필요한가 하는 이해는 부족하다고 여겨진다.

농인은 수어 교육 또는 구화 교육을 받지만 어떤 교육을 받았든지 소리를 듣는 것은 아니다. 구화 교육을 받은 사람은 상대방의 입술을 보고 그 뜻을 해석하고 발성을 배워 상대방이 들을 수 있게 음성으로 소통한다. 반면에 수어 교육을 받은 사람은 수어로 소통하게 된다.

농인에게 있어서 이 두 가지 소통 방법은 음성언어를 듣는 것이 아니기 때문에 소리 나는 대로 쓴 글자를 이해하기는 어렵다. 청인은 어려서부터 소리로 먼저 말을 배우고 나중에 글자를 터득하여 자신이 말하는 것을 글로 적는다. 철자가 조금 틀린 것은 교정해가며 국어를 배운다.

농인에게 글자로 된 책은 말을 배우고 나서 다시 배워야 하는 문자이다. 이 문자의 소리를 한 번도 들어보지 못한 채 글자를 소리가 없이 외워서 다시 써야 하는 것이다.

문자가 갖는 뜻을 기억하는 일 또한 어렵다. 유모차에 실려 뒤에서 불러주는 엄마의 노랫소리로 언어를 배워가는 청아동은 '아빠 곰은 뚱뚱해, 엄마 곰은 날씬해'하면서 엄마와 아빠의 개념을 이해하고 그 말을 나중에 글로 쓰면 된다. 소리와 노래가 없이 그것을 문자로 기억하고 개념을 파악해야 하는 농인은 손을 옆으로 벌리며 '뚱뚱해'하는 수어가 훨씬 개념적으로 쉽게 이해할 수 있는 자신들의 언어이다.

어려서부터 부모와 소통한 자녀와는 달리 부모와 자녀 간에 있어 다른 언어인 보이는 언어와 들리는 언어로 생활한 가정에서는 의사소통에 어려움이 많을 것이다. 이러한 환경에서 자란 농아동에게 글을 읽으라고 독서를 권하는 일은 외국어책을 놓고 번역하라는 것과 같다.

한 모임에서 60세 농인이 <신데렐라>라는 제목은 들어봤지만 '수어를 통해 그 내용을 알게 된 것은 처음이다'라고 하는 말은 우리에게 시사하는 바가 크다. 농인도 어려서부터 청인이 보는 내용을 공유하고 독서해야 한다.

언어체계를 잘 이루기 위해서는 어려서부터 특히 뇌 성숙이 이루어지기 전인 7세 이전에 교육이 시작되어야 한다. 어려서부터 스스로 갈등 없이 사용할 수 있는 언어(농인은 수어)로 된 내용을 다양한 매체로 접할 수 있어야 개념이 생기고 확장되며 사고력도 발달한다.

외국에는 유아기에 농아동을 위한 적절한 수어 교재와 스토리텔링 자료들이 많다. 농인을 위한 도서관도 대부분 지역에 있다. 우리나라는 이제 막 시작하는 단계이다. 복지관 내에 작은 도서관 정도의 공간만이 있고 독립된 건물에 종합적인 문화정보 공간으로 설립된 농인을 위한 전문도서관은 없다. 또한 농인의 언어인 수어로 된 다양한 콘텐츠들을 영상 도서와 적절한 매체로 보다 더 많이 제작해야 한다.

사단법인 영롱회가 한국도서관협회의 후원으로 2018년 6월4일 서울시민청 태평관에서 '농인 문화 정보 전문 도서관 건립'을 위하여 공청회를 개최했다. 이를 통해 농인 도서관 건립에 공감대가 이루어진 계기가 되었다. 특별히 농자녀를 둔 부모들의 호응이 높았으며 참석자들도 필요성을 깊이 인식했다.

최근에는 도서관이 지식정보뿐 아니라 문화 예술의 공간으로도 사용된다. 농인에게 적합한 농인 문화 정보 전문 도서관은 농인 사회에서 소통의 공간 역할도 할 수 있다. 농인을 위한 다양한 모임과 세미나 개최 및 공연장과 연습실을 비롯한 전시회도 열 수 있는 복합문화공간의 기능을 하는 것이다. 나아가 보이는 문화와 들리는 문화의 차이가 큰 만큼 농인과 청인이 서로를 이해할 수 있는 교류와 소통의 장이 된다. 농인의 재능이 발휘되고 자존감이 성취되는 기반을 이루는 장소가 될 것이다.

농인에게도 사서를 비롯하여 다양한 직종의 일자리가 생기고 안정적인 사회의 일원으로서 자신의 역량을 발휘할 기회가 주어져야 한다. 농아동과 청아동이 함께 다양한 동화 이야기를 공유할 수 있어야겠다. 언젠가는 농인이 만든 수어시와 연극과 공연이 세계무대에 서는 날도 오리라 믿는다.

농인 문화 정보 전문 도서관은 농아동과 부모가 함께 와서 수어책을 읽고 전문 사서에게 독서지도를 받는다. 부모와 자식 간에 정감 어린 정서를 나눌 수 있고 자아실현을 이룰 수 있는 밑거름이 되는 공간이 된다.

미국의 갈로뎃 대학교 캠퍼스 안에서는 농인이 마음껏 자신의 언어인 수어로 교육받고 소통한다. 친구들과 교수 및 모든 교직원이 한 언어권 안에서 학문과 문화를 배운다. 그러한 환경에서 공부하고 졸업한 후 사회에 나가 농사회를 이끌어가는 지도자가 되는 것이다.

농인 문화 정보 전문 도서관은 지식 정보만을 제공하는 것이 아니다. 다양한 문화예술 공간으로써의 역할을 하게 되고 농인과 청인이 소통할 수 있는 공간이 되기도 한다. 농인 지도자를 양성하는 교육의 기반도 될 것이다. 농인 문화 정보 전문 도서관은 반드시 필요하며 속히 세워져야 한다.

<2018년 7월호>

농인에게 적합한 도서관이란

문화의 전달이 계속되는 것은 과거를 기록할 수 있는 매체가 있기 때문이다. 우리의 기억만 가지고 다음 세대에 무엇을 전달해 주기에는 한계가 있다. 어떠한 사실을 잘 알고 있는 사람이 갑자기 변을 당하여 사망하기라도 한다면 그가 가지고 있는 모든 정보는 하루 아침에 사라져 버리게 되는 것이다. 이러한 귀중한 정보를 기록하여 후손들에게 전달하는 매체로 발달한 것이 처음에는 그림이었고 그 이후에는 문자의 탄생이었다.

문명이 발달한 고대 도시를 보면 막강한 군사력만 가지고 그 나라를 통치한 것이 아니다. 그들의 훌륭한 문화를 전승할 수 있는 보고를 만들어 후세에 전했다. 그것이 바로 도서관이다. 이집트의 알렉산드리아 도서관이 그러했고 세계 유수의 문명국가들은 각기 훌륭한 도서관이 있었다. 개인 집들도 옛날부터 현재에 이르기까지 서재가 따로 있는 경우가 많다.

우리나라도 전에 비해서 도서관이 많이 세워졌다. 문맹률도 낮아 문자를 해독하는 능력이 세계적으로 높지만 독서량이 많은 편은 아니다. 제일 많이 팔리는 책이 참고서라고 하니 참으로 아이러니한 문화적 현실이다.

우리나라는 세계 10대 경제 대국에 들어간다. 하지만 이 땅에 39여만 명이나 살고 있는 농인에게 적합한 도서관 하나 없는 실정이다. 일반인들과 정부 관리들이 농인은 볼 수 있는데 '별도의 도서관이 무슨 필요가 있겠느냐'는 생각을 하기 때문이다. 물론 농인들은 볼 수 있지만 그들의 언어로 보는 게 아니고 들리지 않는 소리를 써 놓은 문자를 보는 것에 불과하다.

들리는 소리를 글자로 적어놓은 것은 그 소리를 알아야 그 글자가 주는 다양하고 세밀한 감정적인 느낌도 알 수 있다. 청인은 '어머니'라는 세 개의 음절을 볼 때 글자의 음성이 연상되며 감사의 마음과 앞뒤의 문장을 통해 감동을 받는다. 농인은 같은 글자를 보아도 그 음성이 연상되지 않아 글쓴이가 전하는 뉘앙스를 100% 전달받기 어렵다. 새 우는 소리나 시냇물 흐르는 소리처럼 의성어를 문자로 적어놓은 경우에는 더욱 이해하기 힘들다.

생생하게 그리고 시원하게 내용과 의미를 전달하기 위해서는 그들의 언어인 움직이고 보이는 언어로 된 책이 필요하다. '왜 소리 나는 대로 적어 놓은 글을 읽어보지 않느냐'고 하는 것은 외국어로 써놓은 책을 왜 보지 않느냐고 하는 이야기나 마찬가지이다. 만일 우리나라 도서관이 모두 영어나 독일어로 된 외국책을 비치해두고 책을 보러 오지 않는다고 말한다면 얼마나 우스꽝스러운 이야기인가.

농인의 언어는 소리 나는 청각 언어가 아니다. 보이는 시각 언어이며 움직이는 언어이다. 동영상으로 된 언어이기에 그 기록 매체가 동영상이어야 농인의 정서와 통하고 생동감을 느낀다. 국립장애인 도서관에서는 농인을 위해 1년에 250권 정도의 영상 도서를 제작하고 있다. 1년에 출간되는 서적에 비하면 그 양은 너무나도 적다.

한글 공부를 열심히 하고 문자 책을 많이 보아온 농인은 문장을 이해한다. 그러나 농인들의 평균 독해력으로 볼 때 농인은 한글로 된 책을 보고 이해하기가 어렵다. 수어는 조사(토씨)가 없고 시제나 존칭이 불분명한 경우가 많고 문법 체계도 다르기 때문이다. 미국의 경우도 18~19세 농인의 평균 독해 능력이 청인의 평균 8~9세 정도와 비슷하다.

최근에 조기 교육을 위한 어린이 영어 유치원과 영어 도서관은 늘어나고 있다. 같은 땅에 사는 39여만 농인을 위한 도서관 하나 없는 우리나라의 미래는 어떻게 될 것인가. 농인이 유학을 가려면 영어와 영어 수어 또는 미국 수어를 배워야 한다. 국내에 많은 유학원이 생겨났지만 농인의 유학을 도와주는 공공기관이나 사립시설조차 한 곳 없다.

옛날에는 동영상을 제작하고 보관하기가 쉽지 않았다. 지금은 컴퓨터나 스마트폰으로도 가능해졌다. 농인을 위한 영상자료와 영상 도서를 비롯한 그들의 문화가 공유될 수 있는 매체와 장소가 절실히 필요하다.

농인에게 적합하고 필요한 농인 전문 도서관은 농인들이 연구하고 공부하는 장소로 농문화를 공유할 수 있는 전시와 공연이 가능한 공간이 된다. 자료수집과 도서의 보존 및 관리도 하며 평생교육을 제공하는 교육의 장소로써의 복합적 기능을 한다. 농아동과 부모가 도서관에 와서 함께 영상을 보며 놀이와 체험도 한다. 농인 노인들이 신문을 보듯 수어로 된 영상뉴스를 골라 볼 수 있는 문화의 공간도 된다. 별마당 도서관이 강남 한복판에 건립된 후 문화가 바뀌었듯이 한국에 멋진 농인 전문 도서관이 건립되면 국가의 위상은 물론 실질적으로 농인들의 생활도 변화될 것이다. 세계의 농인들이 한국을 방문했을 때 꼭 가봐야 하는 명소로 농인 전문 도서관이 자리 잡을 수 있어야 한다.

지방 곳곳에도 작은 농인 도서관들이 설립되어야 한다. 물건을 만들어내는 것은 단시간에 가능하지만 문화와 인재를 키우는 것은 많은 세월이 요구된다. 농인 전문도서관이 생기면 농문화도 다양하게 발전되고 농인들은 삶에 생기가 날 것이다. 의사소통의 장애로 인한 불편이나 어려운 점들도 점차 해결되고 나아가 창조적인 나라가 되리라 믿는다.

<2019년 6월호>

수화 찬양제와 사랑의 작은 음악회

농인은 소리를 못 듣는다고 생각하는 사람들이 대부분이다. 그러나 소리를 못 듣는 농인은 아주 드물다. 소리를 못 듣는다는 것은 말하는 소리를 못 듣는 것을 의미한다. 소리를 전혀 못 듣는 농인은 전농이라고 하며 어떤 소리도 못 듣는다. 대포를 쏘아도 소리를 못 듣는 농인은 별로 없다. 다만 그 소리가 작게 들릴 뿐이다. 일반인(청인)들은 일상에서 나는 소리를 못 듣는 농인이 '음악을 할 수 있겠는가'고 의아해한다.

농인은 타악기나 클라리넷을 연주하기도 한다. 세계적으로 유명한 스코틀랜드 타악기 연주자 이블린 글래니(Evelyn Glnnie)와 미국의 래퍼 가수 숀 포브스(Sean Forbes)도 있다. 우리나라도 앞으로 농인 연주자들이 많이 배출되어 문화 발전에 기여하기를 기대한다.

필자는 1973년경 서대문 농인 교회에서 미국 농인들과 청인들의 수화 찬양과 연극을 보았다. 수화로 찬양하는 농인의 표정은 음성으로 찬양하는 것과는 다른 느낌과 감동을 주었다.

한국에서는 1979년에 영락 농인 교회의 문영진 목사가 처음으로 학생 중심의 수화 찬양대를 만들었다. 수화 찬양제는 1981년 10월 9일 영락교회 선교관에서 처음으로 열렸다. 그 후 사단법인 영롱회(당시는 영롱청각장애인선교회)는 1988년 11월 3일 영락교회 선교관에서 제1회 수화 찬양제를 개최했다.

처음에는 쉽지 않았지만 농인성가대 대원들이 그간 수화로 찬양했기 때문에 수월했다. 수화로만 찬양하면 농인들에게는 잘 전달되지만 수화에 관심은 있지만 수화를 모르는 청인들은 가사 내용을 모른다. 소리가 없으면 음악적인 느낌도 없기에 합창하고 반주할 팀도 필요했다. 음성찬양과 반주는 영락교회 청년팀에게 부탁했다. 우리의 취지를 듣고 영락교회 청년들은 혼쾌히 같이하기로 하고 각각 연습에 들어갔다.

농인 청년들은 청인 청년들의 목소리와 함께 수어로 찬양했다. 청인 찬양팀도 처음 보는 수어 찬양팀과 목소리의 소중함을 느끼며 합창했다. 반주하는 팀은 기타와 디지털 키보드와 드럼으로 소리와 수화의 어울림에 맞추어 새롭게 느끼는 음감으로 연주했다.

세 팀을 맞추어야 하기에 힘들었다. 지휘하면 청인 찬양팀과 반주팀은 잘 맞출 수 있으나 농인 찬양팀은 지휘를 따라 하기 힘들었다. 수화로 지휘하면 농인팀은 잘 따라 하였으나 청인 찬양팀과 반주팀은 조금 어색했다. 몇 차례 연습하며 수화 지휘에 맞추기로 하고 찬양제는 수화 지휘로 개최되었다.

수화 찬양제를 하면서 사소한 문제가 생겼다. 수화 찬양제가 끝나면 공연 때 실수를 한 농인의 입지가 곤란해지곤 했다. 음성찬양은 높은 음을 내기 어려우면 자신이 소리를 내지 않아도 표시가 나지 않는다. 수화 찬양은 반드시 같은 동작을 해야 한다. 모두 오른쪽으로 손을 움직이는데 혼자 왼쪽으로 움직이거나 가만히 있어도 표시가 나기 때문이다. 사소한 실수지만 음악회가 끝난 후에 질책도 받고 마음도 편치 않으니 다른 사람과의 관계도 서먹해지게 된다.

수화 찬양제는 이런저런 이유로 1992년까지 진행하고 5회로 끝나게 되었다. 2000년부터는 '사랑의 작은 음악회'란 명칭으로 다시 시작하여 매년 진행하고 있다. 작년에 코로나-19 감염 사태로 하지 못하고 2021년 20회를 개최하였다.

챔버 오케스트라와 청인 음악인들의 성악을 포함한 다양한 연주에 이어서 농인들이 수어 찬양 2곡을 한다. 마지막 프로그램에는 모든 출연자가 함께 지휘에 맞추어 한다.

농인들의 보이는 소리와 청인들의 들리는 소리의 화음이 어우러진 음악을 들으며 '사랑의 작은 음악회'가 의사소통의 어려움을 겪는 농인의 삶을 조금이라도 이해하는 시간이 되기를 소망한다.

* 이 글에서 수화라고 쓴 것은 현재 수어로 쓰고 있는 용어를 당시에 쓰던 용어로 쓴 것이다.

<2021년 11월호>

6부
농인의 사회활동

농인 비행사

무척이나 덥던 여름이 지나니 어김없이 가을이다. 한국의 가을은 우리 국민뿐 아니라 외국인들도 좋아한다. 높고 파란 하늘이 참으로 아름답기 때문이다. 이렇게 파란 하늘을 바라보고 있노라면 새가 되어 훨훨 날고 싶은 마음이 불쑥 들기도 한다. 이러한 꿈을 실현한 사람이 라이트 형제(Wright brothers)˙이다.

자유롭게 하늘을 날고 싶다는 마음에만 그친 것이 아니라 그 꿈을 실현했다. 아마도 처음에 이러한 일을 하고자 했을 때는 미친 사람으로 여겼을지도 모른다. 라이트 형제는 많은 시도와 실패를 했지만 이에 굴하지 않았다. 결국 사람이 하늘을 날 수 있다는 것을 증명해 보였다. 마침내 1903년 첫 비행을 하고 인간은 하늘을 날 수 있게 되었다. 이후 비행기 조종사들이 배출되었고 우주선을 조종하는 우주인이 달나라에 도착하기도 했다.

넬리 자벨 윌하이트(Nellie Zabel Willhite)는 1892년 미국의 사우스 다코타(South Dakoda)에서 태어났다. 윌하이트가 태어났을 때는 우리가 잘 아는 헬렌 켈러의 나이가 12세였다. 당시에는 장애인에 대한 인식이 지금과는 달랐다. 윌하이트는 2세 때 홍역을 앓고 청력을 잃었다.

• 라이트형제(Wright brothers) Orville Wright (1871~1948), Wilbur Wright (1867~1912)

윌하이트가 7살이 되었을 때 아버지가 시옥스 휠스(Sioux Falls)의 농아학교(State School of the Deaf)에 입학시켰다. 윌하이트는 성장하여 35세에 항공학교에 등록했다. 비행 연습을 시작한 윌하이트는 비행 교사인 해롤드 테넌트(Harold Tennant)가 가르치는 수업에 등록한 13번째 학생이었다. 날씨가 나빠 비행 연습을 하는 데 2개월이나 걸린 적도 있었다. 1928년 1월 13일 마침내 단독비행에 성공했다. 사우스 다코다주 최초의 농인 여성 비행사가 되었다.

윌하이트는 여성 비행기 조종사 '99클럽'을 조직하는 데 큰 역할을 했다. 전국 각지의 에어쇼와 친선 비행에도 참가하여 곡예로 관객을 열광시켰다. 루프 시연을 반복해서 보여 줄 때도 있었다. 사람들은 윌하이트의 대담함에 놀랐다. 일반인들은 듣지 못하는데 어떻게 이러한 일을 해냈는지 궁금해하며 도전받기도 했다.

윌하이트의 아버지는 오픈 조종석이 있는 알렉산더 이글 록 OX-5 복엽 비행기를 사 주었다. 비행기 이름은 아버지의 닉네임인 'Pard'라고 하였다. 윌하이트는 비행하면서 '나는 엔진 소리가 거의 들리지 않지만 진동이 있었는지 잘못된 상황인지는 알 수 있었다.'라고 한다. 제2차 세계 대전 중에는 지상 학교 강사로 일했고 52세가 될 때까지는 상업용 비행기를 조종했다.

그녀는 죽기 전에 사우스 다코다 항공 명예의 전당에 입성했다. 96세의 넬리는 시옥스 휠스 요양원 침대에 앉아 어린 시절부터 농인으로 살아온 지난날을 회상하곤 했다. 인생의 말년까지 평생을 명예롭게 그리고 용감하게 살았던 윌하이트는 진정 농세계에서 개척자의 정신을 실천한 선구자이며 다른 농인에게 희망을 준 모델이다.

필자는 2018년 6월 4일 서울시청 시민청 태평홀에서 농인 문화 정보 전문 도서관 설립을 위한 공청회에서 농인 비행사 이야기를 발표했다. 농인에게 꿈을 갖고 도전하라는 의미의 메시지를 전달하기 위함이었다. 농인이 비행기를 조종할 수 있는가에 대해 의아해하는 청인이 많았던 것 같다. 참석한 농자녀를 둔 부모들도 외국에서는 '농인들도 비행기를 조종할 수 있구나'하며 농자녀의 미래에 대해 긍정적으로 생각하는 듯했다. 다른 청중들도 농인들이 비행기를 조종할 수 있는 것에 대해 놀라워했다.

외국에서 취득할 수 있는 면허를 국내에서 가질 수 없는 이유는 무엇인가. 인식의 차이라고 본다. 우리나라는 농인이 자동차 면허를 취득한 것도 최근의 일인 것을 볼 때 우선 장애인에 대한 인식을 개선해야 한다.

우리나라는 2010년에야 1종 자동차 면허가 농인에게 허용되었다. 앞으로 농인에게 항공 조종사 면허가 허용되려면 얼마나 시간이 걸릴 것인가. 국내법으로는 농인이 항공대학교에 입학하고 항공 조종사면허 취득이 법적으로 금지되어 있다. 이러한 문제부터 해결되어야 한다. 농인에게 하늘을 날게 하자. 그들에게 꿈이 실현되게 하자.

농자녀를 둔 청인 부모의 생각도 변해야 한다. 농자녀가 꿈을 이룰 수 있도록 각별한 관심과 진정한 사랑으로 키워야 한다. 우리 사회도 농인을 올바르게 인식하고 제약이 있는 면허뿐 아니라 관련된 각종 제도를 개선해 나가야 하겠다. 꿈은 이루어진다.

<2018년 10월호>

농인과 스포츠

　　88올림픽 이후 엘리트 스포츠에 대한 국가의 관심이 높아졌다. 많은 선수가 배출되어 국위도 선양했다. 그 후 국민체육도 발전하는 계기가 되어 예전에 비해 좋은 시설에서 쉽게 운동할 수 있는 여건이 되었다. 가까이에 운동할 수 있는 장소로 주민센터나 구청에서 운영하는 체육관도 많아졌다. 시골에서도 군 단위 체육센터가 곳곳에 들어서고 있다.

　　일반적으로 농인은 운동하는 데 있어서 지장이 없으리라 생각한다. 장애인 올림픽에 당연히 참가하는 것으로 안다. 하지만 농인들은 운동할 때 소리를 감지하기 어렵다. 화약총과 호루라기 및 마이크와 버저(buzzer) 등의 소리 신호를 사용하는 것이 불가능하다. 대신에 보이는 신호로 깃발이나 빛을 사용하여 감지할 수 있도록 한다. 신체적으로는 큰 불편함이 없기에 장애인 올림픽 일원으로 참석할 수는 없다.

　　농인들만 하는 올림픽이 1924년 8월 26일 파리에서 제1회 개최되었다. 2017년 터키 삼순의 23회 대회까지 이르렀다. 우리나라는 1985년에 미국 로스앤젤레스에서 열린 제15회 대회에 처음 출전했다. 청인들의 올림픽과 마찬가지로 동계와 하계로 나뉜다.

　　우리나라에서는 88올림픽에 이어 88장애인 올림픽이 개최되었지만 아직 농아인 올림픽은 개최하지 못했다. 우리나라에서 대부분의 국제적인 스포츠를 유치하였음에도 유독 농아인 올림픽을 유치하지 못한 것은 아쉬운 일이다.

현재 농인 선수들로만 구성된 실업팀은 없다. 성인은 직장을 다니면서 학생은 수업을 병행하며 농인 선수로 한국을 대표하는 세계대회에 나가야 한다. 평소 전문적인 훈련이나 훈련을 규칙적으로 받을 만한 적절한 체육관이 없는 형편이므로 좋은 결과를 얻기가 어려운 여건이다. 선수 당사자의 난관도 있지만 농인 선수를 잘 지도할 코치나 감독도 부족하다. 농인을 이해하는 전문 인력을 구하기도 힘들다.

국제 대회에 나가면 각 나라 수어가 달라 의사소통에 불편함이 있을 수 있다. 선수가 외국 수어를 배워서 능숙하게 하는 것도 쉽지 않다. 수어 통역사는 우리 선수와는 한국 수어를 구사하고 다른 나라의 선수나 임원 진행요원들과는 국제 수어나 제일 많이 쓰는 미국 수어를 구사해야 한다. 스포츠 전문용어를 잘 아는 전문 통역사를 찾기도 어렵다.

스포츠 규칙도 잘 알아야 하고 경기 진행의 흐름을 잘 파악해 순간순간 적절한 통역을 제공해 주어야 하기 때문이다.

이러한 여건에서 농아인 올림픽에 참가하여 메달을 딴 선수들의 노력과 의지에 응원을 보낸다. 특별히 지난 2013년 불가리아 소피아에서 개최된 농아인 올림픽 사격에서 금메달을 획득한 IBK 소속 최수근 선수는 받은 격려금 전액을 모교인 경남대학교 사격부 후배들을 위해 기증하였다. 한국이 청인뿐만 아니라 '농인도 스포츠를 잘하는 나라'로 알려지길 바란다.

농인 스포츠인뿐 아니라 농인 지도자들도 배출되어 국내외에서 전문성을 발휘하여 국위를 선양할 수 있는 길이 열려야 한다. 문화체육부 당국은 물론 농인 단체와 농인 후원 단체 그리고 농인 당사자들이 공감대를 형성하고 서로를 이해하는 분위기가 조성되어야 하겠다.

아울러 우수한 농인 스포츠인을 양성할 수 있도록 제도적 장치와 적절한 지원도 필요할 것이다.

<2019년 8월호>

농인 연극

농인이 연극을 할 수 있는지 반문하는 사람이 혹시 있을지 모르겠다. 관객의 입장에서 보면 어떤 언어로 하는지에 따라 이해의 정도에서 차이가 날 뿐이고 농인도 당연히 연극을 할 수 있다. 농인의 언어인 수어로 하면 농인만 그 내용을 이해하고 청인이 사용하는 음성언어로 한다면 구화를 하는 농인들 중심의 연극이 될 것이다.

일반적으로는 농인이 쓰는 수어로 연극을 하지만 청인을 위해 수어를 음성언어로 통역하는 경우도 있다. 농인 교회에서 크리스마스 때 해오던 연극은 통역 없이 순수하게 수어만 사용하는 농인을 위한 연극이었다.

미국의 국립농인극단은 보이스 윌리엄(Boyce R. Williams)과 말콤 노우드(Malcolm Norwood)가 재활서비스 행정기관으로부터 기금을 받아 1967년에 창설되었다. 지금까지 지속적으로 전국뿐 아니라 세계를 순회하며 공연하고 있다. 미국 수어와 음성언어를 함께 구사한다.

1967년에 드라마 스쿨도 개설했다. 1968년에는 젊은이들을 위한 소극장도 세웠다. 첫 번째 공식 공연은 1967년 웨슬리언 대학교(Wesleyan University)에서 했다. 1994년에는 처음으로 전국적이며 국제적인 농인 연극 컨퍼런스가 개최되어 미국 국립농인극단도 참여했다.

이후에도 꾸준히 그 기량을 발전시켜 토니상(Tony Awards)도 받았다. 30개국 이상의 나라를 순회하며 150회 이상의 연극을 공연했다.

미국 국립농인극단 창립에 기여한 뉴욕 농인 학교 교사인 로버트 파나라(Robert Panara)는 갈로뎃 대학교(Gallaudet University) 학생이던 버나드 브래그(Bernard Bragg)에게 연극을 가르쳤다. 버나드 브래그는 1928년 9월 27일생으로 브루클린에서 태어나서 2018년 10월 29일 사망했다. 그는 배우이고 연출가이자 감독이었으며 연극 대본을 쓰는 작가이자 저자로 활동했다.

농부모를 둔 브래그는 뉴욕 농아학교를 다니며 연극을 배웠다. 갈로뎃 대학교에 다닐 때는 연극도 하고 시를 쓰기도 했다. 1952년 대학교 졸업 후 캘리포니아 농인 학교에서 학생들을 가르쳤다. 또한 미국 국립농인극단 창립에도 깊이 관여하게 되었다. 프랑스 마임 연극배우인 마르셀 마르소(Marcel Marceau)에게 마임을 배우고는 마임 등을 가르치며 더욱 연극에 몰두하며 연기자의 길을 갔다. 90세의 나이로 타계하기까지 미국 농인 연극계에 대표적인 배우로 많은 작품을 남겼다.

1963년에는 에드나 레빈(Edna Levine) 박사가 브래그의 공연을 보고 보건교육 복지청으로부터 기금을 받아 주었다. 메리 스위처(Mary E. Switzer)도 같은 기관에서 기금을 받아 극단 활동을 했다. 창립자들의 사명은 연극을 통해 농인과 청인에게 수어의 특징을 알리는 일이었다. 수어뿐 아니라 마임과 몸짓이 들어간 그리고 청인 배우의 음성언어도 있는 연극을 공연했다. 농인뿐 아니라 청인에게도 감흥이 전달되도록 구성했다. 미국은 농인에게 연극을 체계적으로 가르쳐주는 연극인이 있어 극단이 전문성을 갖고 발전할 수 있었다.

국내에는 사립 극단의 부침이 있었으나 국가 기관으로서의 국립농인극단은 아직 이야기조차 나오고 있지 않은 실정이다. 국내에서도 향후 장애인의 예술 분야에 대한 제도적 장치가 필요하다. 이를 위하여 각계각층에서 전폭적으로 인식을 개선하고 적절하게 지원해 주어야 한다. 그럼으로써 농인도 그들의 언어로 된 연극이나 영화를 볼 수 있는 기회가 많아지게 될 것이다. 또한 재능을 가진 농인 연극인이 많이 발굴되고 농인의 문화 영역도 확대되기를 바란다.

농인도 어려서부터 다양한 문화를 접함으로써 정서적으로도 좋은 영향을 받는다. 전인교육에 도움이 될 뿐 아니라 인성이 함양된다. 미국과 영국의 국립농인극단은 역사와 전통이 깊다.

이제 우리나라도 농인을 위한 국립기관으로써의 예술문화기관이 설립되어 농인 연극을 비롯한 다양한 농문화 예술 장르가 꽃피기를 기대한다.

<2019년 9월호>

농인 부자와 전문인 이야기

　사람은 누구나 부자로 살기를 원한다. 공부뿐 아니라 주어진 일들도 열심히 하고 좋은 직장에 취직하여 여유롭게 잘 살고자 한다. 결혼 후에는 태어난 자녀를 잘 키우기 위해 애쓴다. 자녀들을 열심히 공부시키고 어렵더라도 유학을 보내기도 한다. 농인들 역시 잘살아 보려는 마음은 마찬가지이다.

　농인이 높은 급여를 받는 직업을 가지려면 어떻게 하여야 할까? 사장이 청인이라면 어떠한 농인을 취업시키려고 할까? 이 두 가지 질문을 놓고 생각해 보자. 우선 실력을 갖추어 회사에 채용되는 것이다.

　그러려면 농인이 상당 기간 공부하든지 기술을 습득해야 하지만 농인에게 공부든지 고급 기술을 가르쳐주는 곳을 찾기도 어렵다. 막상 고등학교를 졸업해도 대학 진학률이 일반 청인 학교 학생보다 상대적으로 낮다. 대학에 진학한다 하더라도 언어 문제로 두각을 나타내기도 쉽지 않다.

　농인의 언어인 수어로 강의해주는 대학이나 수어 통역을 제공해주는 대학도 적다. 농인은 들리지 않는 곳에서 고전분투하며 수업받고 공부해야 하는 것이다. 수어로 고급 기술을 가르쳐주는 곳도 너무 적을 뿐 아니라 기술을 배워 높은 연봉을 받을 수 있도록 지도해주고 배려해주는 기관과 단체도 드물다.

넉넉한 집안에 태어난 농자녀들의 경우는 부모나 조부모가 부자로 사업체를 물려받거나 그 사업체에서 일하며 남들보다 좋은 연봉으로 생활한다. 이와 같은 여건이 충족된 농인들이 과연 몇 명이나 될까. 만일 사업체를 물려준다고 할지라도 본인이 충분한 실력을 갖추지 않으면 부모님 사후에 그 사업체를 어떻게 관리해 나갈 것인가. 미래를 생각하면 대책 없이 사업체를 물려주는 것만이 능사도 아니다.

필자는 그동안 여러 분야의 농인들을 만나보았다. 그 가운데 생각나는 부유한 사람으로는 방글라데시에서 만난 소금 도매상 사장이다. 부자인 아버지가 사준 큰 배를 가지고 소금을 싣고 들어와 부두에 있는 창고에 부렸다. 자루로 만들어 도매로 팔아 큰 돈을 벌고 있었다. 배가 들어오면 소금값을 지불하고 창고관리인들과 거래처만 잘 관리하면 되었다.

또 한 사람은 방글라데시에서 농인 건축설계사로 큰 아파트의 한 층을 소유했다. 자신은 제일 끝 집에 살면서 나머지 집은 모두 세를 주어 임대료를 받고 있었다. 안정되게 전문인으로서 살아가는 모습이었다. 열심히 공부하여 실력을 인정받았을 것이고 청인의 몇 배에 달하는 노력이 있었을 것이다.

다른 한 사람은 이탈리아 농인으로 호텔지배인이었다. 말단으로 들어가서 열심히 하여 지배인까지 되지 않았나 싶다. 만나보지는 못했지만 사회적으로 안정된 직업으로 높은 보수를 받는 전문인이 된 농인으로는 비행기 정비사가 있다. 그들 중에는 비행기 조종사 자격을 취득하여 자가용 비행기를 가지고 있는 사람들도 있다. 미국에는 다른 직업을 가지고 있지만 자가용 비행기 조종사 자격을 갖춘 농인 수가 200명이 넘는다. 그들만의 협회(deaf pilot association)도 조직되어 있다. 그중에는 상업 비행기를 조종하는 사람도 몇몇 있다.

그 외에 전문직인 의사가 된 농인들도 있다. 미시건주 앤아버(Ann Arbor)의 필립 자조브(Philip Zazove)는 가정의학과 의사로 대학교수이다. 부인 바바라 리드(Barbara Reed)도 농인이고 같은 전공을 한 의사이다. 1994년 미국 시카고 트리뷴지에 게재된 부부농인 의사의 기사는 우리에게 많은 것을 돌아보게 한다.

외국에서 농인들이 전문직을 가질 수 있는 것은 시험을 보는데 제한이 없기 때문이다. 국내의 의과대학에서는 농인의 입학을 허용하지 않는다. 법으로 시험 자체를 볼 수 없게 제한하고 있다. 이 법부터 고쳐야 할 것이다.

농인 중에 의과대학에 진학하겠다는 학생이나 이러한 법에 항의하는 부모나 학생도 아직 없다. 비행기 조종사나 의사 등 전문인이 되기 위해서는 공부를 열심히 하여야 대학에 입학할 수 있으므로 농인 스스로의 노력이 중요하다.

더 나아가 부모도 자녀를 공부시켜 전문인을 만들겠다는 의지가 있어야 한다. 불합리한 제도를 개선하기 위해서도 적극적으로 노력해야 할 것이다. 농자녀와 함께 힘든 난관을 극복하고자 하는 가정도 늘어나야 하겠다.

농인들뿐 아니라 청인들도 금수저로 부유하게 사는 것보다 자신의 노력으로 인생을 개척해 나가야 한다. 당당하게 살아가는 농인 전문인이 많이 양성되도록 시험이나 입학에 제한을 둔 불합리한 점 등은 개선해야 한다. 아울러 농인에게 적절하고 필요한 제도는 정립하고 발전시켜야 할 것이다.

<2020년 2월호>

농인 유학생 조경건 박사

요즘에는 학력도 점차 높아짐에 따라 박사가 예전에 비해 많은 편이다. 대학 졸업 후에도 대학원에 진학하여 석사와 박사학위를 받기 때문이다. 하지만 농인의 상황은 청인과는 다르다.

6·25 전쟁이 끝날 무렵 농인에 대한 인식과 이해도 부족하고 농인이 공부하여 박사학위를 받는 일이 쉽지 않았다. 어려운 상황에서도 유학하여 박사학위를 한국인 농인 최초로 받은 사람이 있다. 조경건 박사이다.

우리나라는 1989년부터 해외여행이 자유로워졌다. 지금은 유학도 자유롭지만 예전에는 쉬운 일이 아니었다. 물론 일제 강점기에도 일본으로 유학하기도 했다. 6·25 전쟁 이후는 나라가 몹시 혼란스러워 유학 가기도 어려웠던 시절이었다. 특히 농인의 입장에서는 더욱 힘들었다.

2살 때 병으로 청력을 잃은 조경건 박사는 당시 국립농학교와 맹학교가 분리되기 전 학교인 국립서울맹아학교를 졸업했다. 대구맹아학교에서 농인 교사로 잠시 재직했다. 더 공부하고 싶은 생각에 미국으로 유학 갈 것을 결심하고 6·25 전쟁 중 알게 된 미국 동료 어머니의 도움을 받았다.

열심히 공부하여 당당히 국가에서 시행하는 유학 시험에 합격했다.

조경건 박사는 당시 영어시험을 통과하는 문제와 미국에 비싼 학비를 조달할 수 있는가 하는 현실적인 두 가지 문제를 극복하고 미국 갈로넷 대학(Gallaudet College, 당시는 종합대학이 아니었고 지금은 종합대학이 되었음)에 입학했다.

1961년 갈로뎃 대학을 우수한 성적으로 졸업하고 덴버 대학교 대학원에 입학하여 사회학으로 석사학위를 받았다. 뉴욕에 있는 컬럼비아 대학교 대학원에서 1978년 5월 17일에 박사학위를 취득했다. 최초로 박사학위를 받은 한국 농인이다. 농인인 미국 여성 낸시(Nancy)와 결혼하여 미국 국적이므로 한국인으로서 최초의 박사학위를 받은 사람으로는 기록되지 않았다.

석사학위 시절의 활동이 미국 재활 저널에 자세히 보도되어 있어 눈길을 끈다. 조경건 박사는 콜로라도 대학교 부속병원에서 의료 사회사업에 관여했다. 덴버에서는 직업재활 행정에 대한 경험도 쌓았다. 특히 농인 가정을 방문하여 직접 수어로 상담하는 등 농인 내담자들의 좋은 호응을 얻었다.

공부를 마치고 조국에 돌아오고자 하였으나 자신이 일할 만한 적절한 자리를 찾지 못했다. 본인의 비전이 전개될 전망이 없다고 생각한 조경건박사는 미국에 머물며 갈로뎃 대학교에서 교수로 학생처장을 역임했다. 정년퇴직 후 명예교수로 강의도 하시면서 지금은 집에서 생활하고 계시다. 농인으로서 불굴의 의지와 지속적인 학구열로 교수로서 평생을 교육계에 몸담고 살아왔다.

그의 인생 자체가 기적 같은 일이다. 불가능을 가능케 한 본보기라 여겨진다. 한국을 방문하셨을 때 영락 농인 교회 등에서 미국 수어 특강도 하시고 다양한 활동 등으로 봉사하시기도 했다. 열정적인 삶을 살아오신 농인 원로로서 국내에서는 다소 저평가된듯하여 아쉽다는 생각이다. 한국에서 역할을 부여하였다면 한국 농인 사회에 큰 변혁이 일어났을 것으로 확신하기 때문이다.

자신의 삶은 신의 은혜라며 감사하는 태도는 신앙인으로서도 귀감이 된다. 가능하면 다시 한국을 방문하여 농사회 인사들과 다시 한번 조우하는 일이 있기를 바란다. 조경건 박사의 삶을 돌아보며 농인 젊은이들이 도전 의식으로 자신의 꿈을 이루고, 이루어진 결실을 사회에 나누게 되기를 기대한다.

<2020년 10월호>

군인으로서의 농인

　지난 6월은 보훈의 달이었다. 나라를 위해 돌아가신 국군장병들과 경찰들 그리고 6.25 참전 외국 군인들을 생각하면 마음이 숙연해진다. 최근 90세에 달하는 외국 참전용사들이 용산 전쟁기념관을 방문했다. 동판에 새긴 본인과 혹은 본인 아버지 이름을 보며 눈물을 흘리는 장면은 동란의 아픈 상처를 다시 돌아보게 했다. 한국전쟁에 외국 농인들이 참여하였다는 사실도 놀랍고 감사한 일이다.

　미국에는 군인으로서 전쟁에 참여했던 한 농인이 있다. 그의 이름은 에라스터스 스미스(Erastus Smith)로 1787년 4월 19일 뉴욕 더치스 카운티(Dutchess County, New York)에서 태어났다. 어린 시절 질병으로 청력을 잃었다. 1835년 텍사스 혁명이 시작되어 군대에 자원하기 전까지는 측량사로 일했다.

　에라스터스 스미스는 텍사스 혁명 당시 샘 휴스턴 장군 휘하에서 정찰대 리더로 근무했다. 멕시코 정착민의 관습과 예절 및 언어를 배우는 데 많은 시간을 보내었기에 이 임무에는 적임자였고 첩보원으로도 활약했다. 그는 1836년 4월 21일 샌 재신토(San Jacinto) 전투에서 멕시코인의 탈출을 차단하기 위해 적이 사용했던 중요한 다리를 철거해야 한다고 제안했다. 샘 휴스턴 장군은 이 제안을 허락했다. 에라스터스 스미스는 도끼로 그 다리를 붕괴시키는 등 공을 세웠다. 샘 휴스턴 장군의 기습을 받은 산타 안나 장군은 탈출을 시도하였으나 다리를 건널 수 없게 되자 퇴로가 막혀 체포되었다.

에라스터스 스미스는 전투 후 1년 반이 지나서 1837년 11월 30일 50세의 나이로 사망했다. 사후 그를 기리는 일들이 이루어졌다. 텍사스의 농인 스미스 카운티(Deaf Smith County)와 텍사스주 리치먼드에 있는 초등학교도 그의 이름으로 명명되었다. 그를 기리는 영화가 여러 편 제작되었다.

농인이 군대에 가는가 하고 질문하면 대개는 면제라고 대답하는 것이 보통이다. 미국은 자원하면 농인도 군대에 갈 수 있다. 농인들로 구성된 농인 부대가 있고 특수 요원으로 근무하는 농인도 있다. 특수 임무를 수행하는 경우에는 소리가 나는 음성명령보다 소리 없는 수신호로 대화를 읽어낼 수 있는 농인이 적합하기도 하다.

정부와 관계기관에서 농인에게도 다양한 일을 할 수 있는 기회를 제공해야 한다. 농인에게 적합한 업무를 줄 수 있도록 관계되는 제도들을 개선하면 농인들의 삶이 한층 나아질 것이다. 미군 방송에서는 수어로 뉴스를 제공하고 농아동들을 위한 어린이 프로그램을 수어로 진행한다. 우리나라도 이러한 일은 가능하겠다고 생각하는데 잘 시행되지 않는 이유가 무엇인지 모르겠다.

우리 사회가 39여만 명이나 되는 농인들을 위해 좀 더 적극적으로 관심을 가졌으면 한다. 텍사스 주민들은 용감한 전투를 한 농인을 기억하고 텍사스 췰드리스 카운티(Childress County) 유산박물관 명판에 이름을 새겼다. 이처럼 후세의 사람들이 기념할 수 있게 보존해 주는 정신은 본받아야 한다.

아직 우리나라는 농인을 위한 기념관이 없다. 농인으로서 업적이 많지 않을 수도 있으나 농인들의 업적을 존중히 여기는 사회적 공감대가 부족한 것은 아닌지 한번 되돌아볼 필요가 있다.

<2021년 7월호>

농인 교회 예배

교인이면 예배는 기본적으로 드린다. 풍금도 귀한 시절에 작은 시골 교회 예배는 강대상 위에 있는 작은 종을 치면서 묵도로 시작했다. 풍금이 있는 교회는 풍금으로 성가대의 합창에 맞추어 송영했다. 하몬드 오르간이나 파이프오르간이 있는 교회에서는 송영은 차임벨로 연주하는 경우도 종종 있었다. 교회는 음악과 밀접한 관계가 있는 장소로 교회 음악이라는 장르가 따로 있을 정도이다.

농인 교회를 살펴보자. 예배 양식과 환경에 있어서 농인 교회는 청인 교회와는 다소 다른 면이 있다. 농인 교회 예배를 경험하지 않은 청인은 '농인이 찬송을 어떻게 하나요?'하며 궁금해한다. 1972년경 필자가 농인 교회를 다니던 시절에는 목사님이 수어로 찬양을 시작하면 성도들도 함께 수어로 찬양한다. 노랫소리가 안 들리니 혼자 노래를 하면 독창이 되는 셈이다. 농인 중에서 박자를 맞추거나 보청기로 들을 수 있는 사람을 위해 북을 치면서 장단을 맞추기도 했다.

유년 시절부터 성가대를 했던 필자로서는 농인 교회에 가서 찬송가를 음성으로 못하니 처음에는 무척이나 아쉽고 당황스러웠다. 습관이 잘 안되는 것은 기도였다. 청인은 기도하면 당연히 눈을 감는다. 농인 교회에서는 기도할 때 눈을 뜨고 있어야 기도하는 사람의 수어를 볼 수 있다. 기도하는 사람만 눈을 감고 수어로 기도한다. 처음에 이러한 모습이 어색하고 습관이 안 되어 자꾸 눈을 감았다. 이제는 눈을 감지 않는다. 새로 온 청인 교인과 초청 강사로 오신 청인 목사님은 기도 중에도 눈을 감는다. 기도가 끝나고 찬양대의 음악이 끝난 후에도 눈을 감고 있는 사람들도 있었다.

농인 교회 안에서 눈을 감는 것은 청인 교회로 이야기하면 마이크를 끄는 것이나 마찬가지이다. 눈을 감으면 지금까지 들어오는 정보가 바로 단절되어 상대방의 이야기와 기도 및 찬송 등 모든 정보가 차단된다. 음성과 소리로 정보를 접하던 청인은 이러한 일이 습관이 안 되어 수어 통역인의 목소리에 의지하다 보면 자신도 모르게 눈을 감게 되는 것이다.

과거에는 대표 기도하는 동안 눈을 감는 농인도 있었다. 그 때문에 기도가 끝났는지를 알 수가 없어 기도가 끝난 후에도 계속 눈을 감고 혼자 기도하는 모습을 볼 수 있었다. 대표 기도하는 사람이 기도가 끝났음을 알리기 위해 발로 마루를 쿵쿵 구르기도 한다. 진동을 통하여 기도가 끝났음을 알려주기 위해서이다.

최근에는 대표 기도하는 동안 혼자 계속 기도하는 사람은 거의 없다. 통성 기도의 경우는 조금 다른 모습이다. 말이 통성이지 소리를 내지 않는다. 간혹 조금 이상한 발성을 내는 사람도 있지만 말을 알아들을 정도는 아니다. 보통은 속으로 기도하거나 수어를 하면서 기도하기 때문에 통성 기도 시간에는 불을 끈다. 기도가 끝나는 시간을 알려주기 위해 다시 불을 켜서 환하게 함으로 신호를 보낸다.

농인 교회는 소리가 없는 조용한 곳으로 생각하기 쉽다. 그러나 예배 시간에 수어를 모르고 참석한 청인들을 위해 대개 음성통역을 해 준다. 농인들이 간혹 소리의 정도를 가늠할 수 없어 부채질 소리가 나거나 종이 빠스락빠스락하는 소리를 내기도 한다. 휴대폰이 보급되기 시작했을 때는 예배 중에 전화벨이 계속 울리기도 했지만 요즈음은 이러한 일들은 거의 없어졌다.

농인의 일상은 겉으로 볼 때 아무런 문제가 없어 보이기도 한다. 그들만의 문화를 잘 이해하지 못하면 수어를 아무리 잘해도 어울리기가 쉽지는 않다. 이는 영어를 아무리 잘해도 미국 문화를 이해하지 못하면 미국인들과 잘 어울리기 힘든 것과 마찬가지이다.

이전에는 사제와 성가대만 불렀던 찬양을 루터의 종교개혁 이후에는 온 회중이 부르게 되었다. 사제만 보던 라틴어 성경을 독일어와 영어로 번역하여 일반 성도들도 성경을 볼 수 있게 된 역사를 되돌아본다. 당시에 같은 종교개혁의 주역인 칼뱅의 종교음악에 대한 태도는 현대의 교회 음악과 예배 의식에 대하여 다시 한번 생각하게 한다.

칼뱅은 음악적으로 루터와는 달리 엄격한 기준을 보여주었다. 예배에 부르는 성가 가사의 내용은 오직 시편이었다. 아마도 시편이 신앙심을 고취하기에 적합한 최고의 노래 가사라고 생각한 듯하다.

시편을 가사로 삼은 찬송가는 살터(Psalter)라 불린다. 우리에게 친숙한 찬송가 1장 '만복의 근원 하나님'의 선율은 칼뱅의 살터 모음집(Geneva Psalter)에서 발췌했다. 모든 의전용 노래를 사제와 성가대만이 독점했던 개혁 이전의 상황은 루터 덕분에 전환점을 맞게 되었다.

성경은 신학을 공부한 사람이 해석하고 가르친다. 교회 음악에 관하여서는 음악전문가에게 어떠한 음악이 적절한지 등을 물어보는 교회가 있는지 모르겠다. 농인 교회에서 예배를 어떠한 방식으로 드려야 하는지의 규범도 아직 정해지지는 않았다. 이러한 문제를 함께 모여 논의한 적도 별로 없는 것 같다. 앞으로 농인 교회 예배 양식을 검토할 기회가 있기를 바란다.

<2018년 6월호>

영락교회와 영락 농인 교회

영락교회는 한국의 대표적인 교회 중 하나이다. 1945년 12월 2일 한경직 목사와 '북한 탈출 성도' 27명이 일제 강점기 천리교 경성분소 자리에 모여 예배를 드렸다. 이를 모체로 '베다니 전도교회'를 세운 것이 영락교회 역사의 시작이다.

이렇게 시작한 교회를 이끄신 한경직 목사는 다음 해에 특별히 다른 사람들이 별로 관심을 갖지 않는 농인들에게 예배를 드릴 수 있도록 배려하셨다. 영락교회가 시작된 지 1년도 되지 않은 시점에 당시 많은 사역이 있었을 시기임에도 농인들을 위한 복음 전도가 중요하다는 사실을 실천한 교회이다. 이것이 가능하게 된 배경에 박윤삼 전도사도 큰 역할을 담당했다.

박윤삼 전도사는 월남하기 전에 6년 동안 평양의 광명맹아학교에서 근무하면서 농인을 위한 교육에 헌신하셨다. 수어도 잘 구사하시어 농인을 지도하는 데는 여러 가지 여건을 잘 갖춘 준비된 교역자였다. 한경직 목사와의 만남을 통해 영락교회 안에 베다니 건물 3층에서 1946년 10월 11일 농인 6명과 청인 2명이 예배들 드렸다. '농아인 전도부'가 창립되고 영락 농인 교회 역사의 출발점이 되었다.

농인들이 예배를 드린다는 소문이 나자 농인 성도들이 모였다. 유년부와 중고등부에는 서울 농학교 학생들을 중심으로 학생들이 참석했다. '농아인 전도부'는 초창기에 영락교회 내에서 행정적인 조직이 없었다. 영락교회 교육 부서의 한 부서였다.

1964년 12월 6일 영락교회에서는 농인들에게 교회의 당회에 해당하는 특별위원회의 구성을 승인했다. 농아부 특별위원회 위원으로 부장 김병은 장로, 부감 문영진 집사, 박윤삼 목사, 안경애 전도사, 계기훈 집사, 박두철 집사, 이진구 집사로 7명의 위원이 구성되었다.

농아부는 특별위원회를 중심으로 자치적으로 일을 처리했다. 모든 결의와 처리는 반드시 제직회의 추인을 받았다. 그 후 나재동, 박철영, 서병찬, 공 원, 최창근, 정성부 장로가 농아부 부장을 역임했다.

1964년 교육 1부 내에 속한 농아부는 남자 208명, 여자 244명 총 452명의 재적인원이었다. 영락교회 교육 1부에 속한 영아부, 유치부, 유년부, 초등부, 중등부, 고등부 전체 인원은 2,228명이었다. 농아부가 452명이니 20.3%이다. 영락교회 교육 2부에 속한 대학생반, 청년반, 중년반, 남장년반, 여장년반, 신입반, 한글반 인원은 1,106명이었다. 농아부는 영락교회 교육 1부, 2부의 전체 인원 3,334명의 13.6%인 셈이다. 당시 영락교회 총 재적 교인 수가 9,938명으로 농아부가 4.55%를 차지했다. 1964년에서 1974년까지 '농아부'라는 명칭으로 활동했다.

1975년에는 농아부에서 농인 교회로 승격했다. 점차 늘어난 농인교인들은 1976년에는 500명(초등부 150명, 중고등부 150명, 장년부 200명)이 되었다. 영락교회 당회는 1983년에 농인 교회가 노회에 가입하도록 허락했다. 창립 40주년 기념사업의 일환으로 1985년 독립문 중앙교회 건물을 매입하고 이전하여 완전히 자립했다.

농인 교회는 청인이신 1대 박윤삼 목사, 2대 문영진 목사에 이어 농인으로 3대 강주해 목사, 4대 손천식 목사 이후 현재 5대는 2015년 9월 김용익 목사가 부임했다. 통일되면 이북에 농인 교회를 짓겠다는 소망으로 건축헌금을 적립하고 있다.

30년간 사례비 없이 시무하신 박윤삼 목사는 농인 사랑을 평생토록 실천하셨다. 복음 전파에 애쓰신 문영진 목사의 열정으로 8명의 후배 신학생 및 농인 목회자가 양성되었다. 문영진 목사는 병중에서도 아프리카 선교지로 떠나 농인들을 사랑으로 사역하던 중 별세하셨다.

농인은 외관상 불편함이 없는 것 같이 보인다. 그러나 농인의 언어는 보이는 언어이다. 책으로 쓰인 글자는 들리지 않는 글을 써 놓은 외국어에 불과하다. 농인의 언어인 수어로 예배드리며 설교 말씀을 들을 수 있는 교회가 있음도 의미가 있다.

무엇보다도 농인 선교는 많은 청인 교인들이 관심을 가지고 기도하여야 할 일 중의 하나이다. 영락 농인 교회는 영락교회로부터 받은 사랑의 빚을 기억하며 한국의 39여만 농인 중에 겨우 7,000여 명 정도가 기독교인인 미선교 소수민족인 농인에게 복음을 전하는 사역을 중심으로 하고 있다.

<2019년 3월호>

영락 농인 교회 역사

　1958년에 생긴 스칸디나비안 클럽은 을지로 5가 국립중앙의료원 뒤쪽에 있는 200석 규모의 국내 최초 뷔페식당이다. 6·25전쟁 당시 의료 지원을 해준 스칸디나비안 3국(덴마크, 노르웨이, 스웨덴) 의료진의 구내식당이었다. 외국인들이 운영하다가 의료원과 함께 한국 정부에 인수되어 국가 공공의료기관의 일부가 되었다.

　영락 농인 교회의 역사를 보자. 영락교회 안에 교육부 소속의 한 작은 부서에서 출발한 농인들의 예배 모임이 농아부가 되었다. 그 후 1975년 농인 교회로 독립했다. 서대문의 독립문교회가 이사 간 것이 계기가 되어 1985년 서대문으로 이전했다. 영락 농인 교회 입당예배를 시점으로 행촌동 시대를 맞이하게 되었다.

　영락 농인 교회의 역사는 청인들에 의해 시작되었다. 영락교회의 한경직 목사님께서 농인의 예배처를 마련해 주셨다. 이북에서 농학교 선생님을 역임하고 신학을 공부한 박윤삼 전도사는 1946년 10월에 마련된 예배처에서 농인들을 모아서 처음으로 예배드렸다.

　농인 교회 하면 모든 일을 농인들이 주관하는 것으로 알지만 역사적으로 볼 때 최근의 일이다. 청인 중에 농인에 대한 관심과 사랑으로 더 나아가 청인 교역자들에 의해 농인 교회가 성장할 수 있는 기반을 만들었다. 청인교역자들이 농인후학들을 키우는 등 목회자의 길을 갈 수 있도록 기도와 물질로 후원해준 손길도 있었음을 기억해야 한다.

1대 당회장 박윤삼 목사님과 2대 당회장 문영진 목사님의 기도와 헌신의 결과로 영락 농인 교회의 기초가 튼튼해진 것을 부인할 사람은 아무도 없다. 돌아가신 박윤삼 목사님은 워싱턴 D.C. 근교에 문영진 목사님은 케냐에 묘지가 있다. 세월이 지나면서 돌아가신 두 분에 대한 고마움과 역사가 점점 희미해지고 있다는 느낌이 들어 아쉽다.

청인이 농사회에 들어와 목회 활동을 하는 것은 언어와 문화가 다른 이국에서 선교하는 일과 별반 다르지 않다. 외국인 선교사도 우리나라에 처음 들어와서 겪은 수많은 문화적 갈등과 충격을 극복해가며 하나님 말씀을 전하는 일에 매진했고 한국인을 사랑했다. 한국인보다 더 한국인을 사랑한 선교사들의 놀라운 사랑과 헌신으로 우리나라에 복음이 전파될 수 있었다. 교육기관과 의료기관도 함께 세워졌다.

미국의 갈로뎃 대학교(Gallaudet University)의 역사를 보더라도 청인인 갈로뎃 목사님에 의해 설립되어 농인 총장으로 바뀌었다. 이제 농인 교회도 농인 목회자가 농선교의 주역을 담당하게 되었다. 영락 농인 교회는 지금까지 34명의 전도사가 부임하였다. 그중 14명의 청인 전도사가 길게는 19년 3개월, 짧게는 4개월의 기간을 부임하였다. 14명의 청인 전도사 중에는 이후에 4명이 목사 안수를 받았다.

외국에 계신 분과 복지관 관장으로 일하시는 분, 수어 통역사로서 농문화원을 운영하시는 목사님과 현재 한 분 목사님은 농인 교회를 지방에서 목양하신다.

외국인에 의해 설립된 국립중앙의료원이 국가의 중추공공의료기관으로 성장했다. 갈로뎃 목사님이 세우신 농인 대학교가 세계의 우뚝 선 농인 교육기관이 되었다. 박윤삼 목사님께서 75년 전에 농인을 위해 사랑으로 시작한 영락 농인 교회가 3대, 4대, 5대째 농인 목사님들이 당회장으로 목회하고 계신다.

올해 10월 75주년을 맞이하는 영락 농인 교회가 새로운 각오로 한국 농사회와 선교의 장에서 역사적 사명을 가지고 다른 교단에 모범이 되었으면 한다. 영락 농인 교회를 통해 배출된 농인 교역자들도 힘을 합하여 39여만 농인 중 크리스천이 7,000여 명 정도밖에 되지 않는 미선교 소수민족인 농인에게 복음을 전하는 방주의 역할을 감당하기를 기대한다.

<2021년 4월호>

농인도 음악가가 될 수 있는가

'농인도 음악가가 될 수 있는가?'라고 묻는 것은 듣는 사람에 따라 의아한 질문이라 생각할 수 있다. 듣지 못하는데 어떻게 음악가가 될 수 있느냐고 반문한다. 정확한 음정과 박자는 음악가의 기본이다. 과연 가능한가.

우리가 한번 생각해야 할 사항은 '농인은 정말 아무 소리도 듣지 못하는가?'이다. 옆에서 대포가 터지는 데도 아무 소리를 듣지 못하는 농 상태는 전농全聾이라 한다. 농인이라 하면 의학적으로 볼 때 70데시벨(dB) 이상의 청력 손실이 있는 사람을 말한다.

최근에는 청각장애인은 두 귀의 청력 손실이 각각 60데시벨 이상이거나 한 귀의 청력 손실이 80데시벨 이상이면서 다른 귀의 청력 손실이 40데시벨 이상이거나 두 귀에 들리는 보통 말소리 명료도가 50퍼센트 이하인 사람으로 정의한다. 청력 손실도의 차이는 있지만 큰 앰프 소리나 제트기 소리를 들을 수 있는 정도의 농인은 많다. 보청기를 착용했을 때 큰 악기 소리 정도는 감지하기도 한다. 그래도 음악을 즐기는 정도라면 몰라도 전문 음악가의 반열에 오르기는 어려울 것이다.

음악은 시간예술로 어떤 소리를 어느 시간에 얼마의 강도로 그 특유의 음색을 내느냐가 중요하다. 음악의 요소 중 음정과 박자를 고려하면 박자가 더 중요하다. 박자는 정해진 시간에 소리를 내야 한다. 청중은 정확한 시간에 소리가 나는지를 유심히 듣고 있기 때문에 틀리는 것은 쉽게 알아챌 수 있다.

잘 알려진 농인 음악가로 스코틀랜드 출신 타악기 연주자인 이블린 글레니(Evelyn Glennie) 여사는 8세 때부터 청력이 떨어져 12세가 되어서는 듣지 못하는 상태가 되었다. 그녀에게 귀 역할을 해준 것은 예민한 맨발의 감각이다. 맨발로 음의 진동을 감지하고 연습하여 50여 개 이상의 타악기를 자유자재로 연주한다.

타악기 연주는 박자가 더욱 뚜렷하며 섬세함을 필요로 한다. 농인으로서 뛰어난 타악기연주를 하는 이블린 글레니 여사는 불굴의 정신으로 노력했다. 소리를 들을 수 없는 음악가로서 농인뿐 아니라 청인에게도 용기를 주었다. 농인을 위한 음악교육 프로그램을 진행하며 그들의 삶에 희망의 빛이 되었다.

이블린 글레니 여사는 1999년 예술의 전당 공연에 이어서 2007년 성남 아트센터 오페라 하우스와 2016년 KBS 교향악단과의 정기연주회에서 감동적인 공연으로 농인은 물론 많은 청인에게 큰 도전을 주었다. 그녀의 연습실은 타악기 박물관이고 1,000여 개가 넘는 각국의 타악기로 가득하다. 이블린 글레니 여사는 세계 곳곳을 연주 여행하고 책도 출간했다. TV와 쎄서미 스트리트(sesame street)에도 출연하여 사람들에게 선망의 대상이 되었다.

1985년에 영국왕립음악원에서의 '퀸스 코멘데이션 프라이즈

(Queen's Commendation prize for all round excellence)수상을 비롯하여 많은 상을 받았다. 2003년 토마스 리델쇠이머(Thomas Riedelsheimer)의 제안으로 영국 출신 음악가 프레드 프리스(Fred Frith)와 함께 만든 다큐멘터리 '터치 더 사운드(Touch the Sound)'가 2004년 완성되었다.

영국 아카데미 영화상에서 그녀는 'Best Documentary' 상을 받았다. 토마스 리델쇠이머는 이블린 글레니를 민감함의 천사로 독특한 영적 지혜의 소유자라고 이야기한다. 그녀는 농인도 음악인이 될 수 있음을 보여준 사례이다. 후학을 위해 애쓰고 있는 이블린 글레니 여사의 삶은 인생 승리의 고귀함을 전하는 또 하나의 큰 울림이다.

<2020년 11월호>

소리 없는 세상 이해하기

초판 1쇄 인쇄 2023년 6월 12일
초판 1쇄 발행 2023년 6월 14일

지은이   안일남
발행인   이왕재

디자인   유주연

펴낸곳   건강과 생명
　　　　서울시 종로구 대학로 7길 7-4 1층
　　　　전화 02-3673-3421 팩스 02-3673-3423 이메일 healthlife@healthlife.co.kr
등록제   300-2008-58호

총판   예영커뮤니케이션
　　　　전화 02-766-7912 팩스 02-766-8934

정가   15,000원

ISBN 978-89-86767-58-2